La plus grande révolution de toute l'histoire de l'Humanité

Anne Beaufumé,
Jérôme Bondu
et Jérôme Coutou

La plus grande révolution de toute l'histoire de l'Humanité

DIGITAL MATE XR

8 avenue du Bel Air
59175 Templemars
www.inter-ligere.fr/

ISBN : 979-10-96166-02-2

Dépôt légal :
Bibliothèque nationale, Paris : mai 2022

Achevé d'imprimer en juillet 2022 par ISI Print
Imprimé en France

À nos enfants
Clara, Elias, Julie, Matis, Romain et Timéo
qui baignent depuis leur naissance
dans l'aventure incroyable de cette révolution.

« Le vrai problème de l'humanité est le suivant : nous avons des émotions paléolithiques, des institutions médiévales et des technologies de dieux »

Edward Osborne Wilson

« Ce qui est incompréhensible, c'est que le monde soit compréhensible »

Albert Einstein

« La grande révolution dans l'histoire de l'homme, passée, présente et future, est la révolution de ceux qui sont résolus à être libres »

John Fitzgerald Kennedy

Sommaire

Préambule : pourquoi ce livre ?

Nous vivons aujourd'hui ce que nous avons eu envie de qualifier de « la plus grande révolution de toute l'histoire de l'Humanité » !

Pourquoi une révolution ? Habituellement le mot sert à qualifier un « changement brusque, d'ordre économique, moral, culturel, qui se produit dans une société ». Ici, nous l'employons, comme ce le fut pour la « première révolution industrielle », pour l'ampleur des impacts que les (r)évolutions technologiques de notre société actuelle produisent sur nos vies quotidiennes, nos représentations du monde, de son avenir, que ce soit en termes sociologiques, économiques ou géopolitiques.

Nous avons tous le sentiment de vivre dans un univers en profonde transformation, où complexité et incertitude dominent. Comment parvenir à maîtriser, appréhender tout ce qui se passe, et se situer soi-même dans un univers qui paraît de plus en plus nous « échapper » ? Comment parvenir à décrypter le monde dans lequel nous vivons ? Comment chacun peut-il disposer de suffisamment de clefs pour comprendre ? Tous les jours, des experts, des « spécialistes », des chercheurs, des laboratoires d'idées (les fameux « think tanks »), des organisations en tout genre produisent des rapports, éditent des livres, diffusent des savoirs que l'apparente extrême facilitation de l'accès à « l'information » semble mettre à la portée de tous.

Mais comment un simple être humain peut-il s'y retrouver dans cette masse (nasse ?) de connaissances ? Si tant est qu'il dispose du temps à y consacrer…

Des (r)évolutions multiples, à un rythme de plus en plus incroyable se succèdent, s'entremêlent, impossibles à saisir et encore moins à comprendre dans leur totalité. Certaines peuvent paraître effrayantes, d'autres enthousiasmantes, certaines les deux. Au-delà de ces perceptions, sensations, voire émotions, que les évolutions technologiques et bon nombre de ceux qui les médiatisent provoquent, nous avons souhaité mettre à votre disposition notre vision collective partagée de ces mutations, de la manière la plus « juste » possible. C'est-à-dire en tentant de mettre à plat nos compréhensions, de les organiser pour qu'elles dégagent un minimum de sens, en évitant au maximum cet « ultracrépidarianisme »[1] délétère qui semble se répandre de plus en plus. Nous souhaitons avant tout vous donner des clefs, des « outils » pour mieux comprendre le contenu et le sens des évolutions, leurs impacts possibles (mais pas toujours certains), sans chercher à vous imposer des façons de voir.

Tous trois, depuis des années, pratiquons la « veille » (veille sociologique, technologique ou économique, veille portant sur les systèmes d'informations, les phénomènes de diffusion des technologies…) et lisons donc beaucoup, assistons à des « conférences » ou les organisons. Nous aimons partager nos compréhensions et côtoyons des gens qui travaillent dans quasiment tous les secteurs de l'économie, dans des entreprises et organisations de toutes tailles.

La logique que nous avons suivie en écrivant ce livre est celle que nous nommons entre nous « vulgarisation de combat » : nous souhaitons faciliter l'accès à la compréhension dans un monde où règne « l'infobésité » alors qu'il est essentiel de mieux comprendre pour mieux maîtriser, ou en tout cas ne pas se laisser dépasser par ce véritable tsunami. Car l'on entend sur certains sujets circuler

1. Excellente courte vidéo (3'51) d'Étienne Klein sur « L'ultracrépidarianisme, l'art de parler de ce qu'on ne connaît pas » : https://www.youtube.com/watch?v=f89WVeqWe-M

beaucoup (trop) de choses fausses. Nous ne voulons pas céder devant l'ultracrépidarianisme des extrêmes qui risquent, en agitant parfois des foulards rouges infondés (pour « faire peur »), de dissimuler en fait les vrais enjeux, menaces ou opportunités recelés par les (r)évolutions en cours.

On le « sent » bien, l'accélération des innovations, les interactions croissantes au fil du temps entre les différents champs (technologiques, industriels, informationnels, socioculturels…), le caractère de plus en plus interconnecté des évolutions successives révèlent la complexité à décrypter et comprendre l'écosystème, le nouvel environnement dans lequel nous vivons, nous « baignons » tous, à titre personnel ou professionnel. Nous souhaitons donc contribuer à mieux faire comprendre ce qui est en train de changer fondamentalement, donner à ceux qui nous lisent des moyens pour saisir les nouvelles « règles du jeu » en train de s'instaurer et exercer ainsi leur vigilance sans céder à la crainte d'être complètement dépassé par ce qui se passe.

Ce livre n'a donc pas été écrit pour s'adresser à des « experts ». Chacun dans sa spécialité trouverait sans doute à redire à ce que nous écrivons dans les chapitres qui la concernent directement. Il a été écrit pour inviter à une réflexion globale, à un regard critique, pour tenter de donner du sens à tout ce qui se déroule autour de nous.

Introduction : un livre en cinq temps

Nous débutons ce livre par une **mise en perspective historique**, qui fournit le premier temps indispensable pour comprendre la situation actuelle, le « comment nous en sommes arrivés là ». Nous saisirons ainsi progressivement comment nous sommes passés de **révolutions successives et en quelque sorte « parallèles » à des révolutions de plus en plus simultanées**, qui se combinent entre elles et combien, depuis une cinquantaine d'années, les imbrications entre les différents champs d'évolution (informationnel, technologique, sociologique, géopolitiques) sont de plus en plus fortes.

Ceci nous amènera dans un second temps à nous centrer sur les **bouleversements les plus manifestes** de ces débuts de XXIe siècle, et plus encore depuis une décennie. Nous verrons comment le rythme de ces révolutions semble s'accélérer encore avec de nouvelles combinaisons de découvertes, des « convergences » entre des champs de recherche au départ éloignés qui nous plongent aujourd'hui dans un véritable « écosystème révolutionnaire », accroissant les incertitudes sur le futur.

Dans un troisième temps, nous aborderons les **nouveaux enjeux mondiaux** de ce début de XXIe siècle. Ils paraissent nous dépasser en tant qu'individus, mais ont bien évidemment un impact sur notre avenir de « terriens » : dans notre univers mondialisé, environnement, démographie et alimentation, nouveaux équilibres géopolitiques sont autant de défis dont on doit prendre conscience.

Le quatrième temps du livre alerte sur toutes les **transformations** sur lesquelles, en tant qu'individu, il est vital d'exercer une vigilance quasi permanente pour ne pas céder devant les **menaces qui pèsent sur nos vies quotidiennes** et notre futur en tant que citoyen, travailleur ou « consommateur ».

Enfin, face à cette « plus grande révolution » et les nouvelles règles du jeu qu'elle instaure progressivement, quelles **perspectives** « positives » envisager, encourager ? Comment se donner, à nous, citoyens, les moyens de retrouver notre souveraineté, au niveau individuel comme géopolitique ? Ce sera l'objet de la dernière partie du livre.

Quelques « alertes » pour ceux qui vont nous lire :

– d'apparentes redondances pourront être observées entre certaines analyses des différents chapitres. Ce sont en fait plutôt des « recoupements », par construction inévitables étant donné les enchevêtrements des découvertes et évolutions à l'origine même de l'idée de ce livre ;

– certains aspects de cette « plus grande révolution » n'ont peut-être pas été abordés, car nous avons privilégié les « clefs pour comprendre » à l'exhaustivité, mais n'hésitez pas à nous les signaler ! ;

– chaque chapitre et sous-chapitre peut être lu indépendamment des autres (ou presque)... ;

– des encadrés vous permettront de disposer de points de vue spécifiques sur certains sujets, qui fournissent des éclairages d'experts sur des thèmes abordés dans le corps du livre ou bien donnent des éléments de contexte qui nous ont semblé utiles pour élargir le champ de la réflexion ;

– enfin, signalons que ce livre est le produit de réflexions croisées, partant initialement de points de vue différents pour se rassembler sur le sujet de « la plus grande révolution ». Des experts ont donc alimenté notre réflexion et, pour certains, contribué directement à l'écriture de certains chapitres du livre : leurs contributions sont donc signées.

Partie 1
Les révolutions actuelles : perspectives historiques

Notre volonté n'est évidemment pas de prétendre à l'exhaustivité, mais de faire percevoir les différents grands mouvements de fonds qui ont successivement traversé nos sociétés, parfois depuis des siècles, parfois bien plus récemment et qui nous permettent de comprendre « comment on en est arrivé là », à la situation inédite actuelle, qui nous semble constituer (pour l'instant) « la plus grande révolution de toute l'histoire de l'Humanité » :

- les révolutions successives des technologies de l'information, qui ont été déterminantes pour permettre à la fois de créer « la bibliothèque du monde » et d'accélérer les échanges d'informations, moteurs essentiels des évolutions scientifiques récentes ;
- le rôle historique de la maîtrise des technologies dans les dominations géopolitiques du monde ;
- les grandes caractéristiques des 3 grandes révolutions industrielles successives que nous avons déjà connues ;
- et enfin comment les évolutions des mentalités, aspirations, sensibilités et modes de vie des « gens » lors du siècle dernier et du passage d'une première à une deuxième modernité ont rencontré spontanément certaines innovations, les renforçant tout en étant influencées par elles et faisant ainsi évoluer le tissu social.

Chapitre 1

Les révolutions informationnelles

La première grande révolution informationnelle a sans doute eu lieu il y a cent mille à cinquante mille ans, avec le **développement du langage articulé** et le début de la « circulation » des informations.

Ce développement du langage nous a irrésistiblement éloigné de nos frères animaux. Car si tous communiquent, nous sommes les seuls à pouvoir faire passer une aussi grande quantité d'information par la voix. Cela nous a permis de créer des mythes[1], qui nous ont permis de collaborer aussi bien de manière individuelle que collective, particularité de l'Homme dans le monde animal et source de cette incroyable domination de la terre, de la nature et de tous ses autres « habitants ».

La deuxième grande révolution informationnelle eut lieu il y a plus de cinq mille ans avec la **naissance de l'écriture**. C'est elle qui a permis l'émergence des grands empires. Car l'écrit a rendu possible l'administration d'un vaste territoire, permettant l'établissement de règles fixes, non falsifiables et applicables aux quatre coins de la surface gouvernée. C'est le sens du code d'Hammourabi, le roi mésopotamien connu pour avoir combattu et annexé les territoires rivaux (Sumer, Akkad), puis fixé au tra-

1. Noha Yuval Harari, Sapiens

vers de ce code les lois applicables pour tous les habitants de son vaste royaume.

La « découverte » de l'imprimerie par Gutenberg en 1450 signe le départ de la troisième grande révolution informationnelle. Les livres imprimés ont permis une accélération du partage des savoirs et connaissances et donné un formidable coup d'accélérateur à la Renaissance en Europe.

Il faut préciser qu'avant d'être perfectionnée par Gutenberg, la Chine avait déjà connu l'imprimerie à caractères mobiles, c'est-à-dire le principe de la typographie, et vers l'an 800 ! Mais cette technique a été abandonnée par les Chinois, car à l'époque le système par signe n'était pas adapté à l'écriture chinoise (comportant plusieurs milliers d'idéogrammes) alors qu'en Occident, l'alphabet, par le nombre très réduit de signes auxquels il fait appel, se prête admirablement à ce système.

Presse typographique de Lord Stanhope, début XIXe siècle.
© AB

Et si les Coréens sont les premiers à avoir fabriqué des caractères mobiles en métal, au milieu du XIIe siècle, les livres ainsi imprimés ont été réservés à une élite mandarinale.

Or l'impression en Europe a été dès le départ un outil de partage des savoirs et des connaissances pour le plus grand nombre : le premier ouvrage à être publié en 1454 fut la fameuse « Bible à 42 lignes » de Gutenberg, qui avait une vocation « grand public » dans l'Europe chrétienne du XVIe siècle ; et l'un des plus gros tirages de l'époque était un ouvrage narrant une histoire d'amour[1]..

Cette découverte et la diffusion des livres influenceront plus ou moins directement de multiples révolutions : religieuse

1. Le songe de Poliphile https://fr.wikipedia.org/wiki/Hypnerotomachia_Poliphili

(Protestantisme), sociale (Révolution française) et technologique (révolution industrielle).

La quatrième révolution informationnelle apparaît avec la naissance des outils de communication fonctionnant grâce à l'électricité.

Après avoir révolutionné les outils de production (machines-outils), la baguette magique de la fée électricité va permettre de créer des outils qui vont servir au transport des textes (le télégraphe en 1832), de la voix (téléphone en 1876, radio en 1896) puis de l'image (télévision en 1925).

Ces inventions vont permettre progressivement à des milliers puis des millions de personnes de communiquer entre eux à distance et de faire/voir la même chose au même moment.

Si le téléphone révolutionne la manière de communiquer en ne transmettant plus des signaux ou des codes, mais les voix, il met néanmoins du temps (voire beaucoup de temps selon nos références actuelles) à entrer dans les mœurs… En 1968, seuls 2,4 millions de ménages français possédaient un téléphone ![1] Au cours des années 70, politiques publiques aidant, « les ménages français passent d'environ 25 % de foyers raccordés au réseau par une ligne résidentielle à plus de 90 % »[2].

La télévision met juste un peu moins de temps à se diffuser. C'est en mars 1925, à la Royal Institution de Londres, que l'Écossais John Logie Baird (1888-1946) fait la première démonstration publique d'un système de **télévision** permettant la transmission à distance d'images animées d'une définition de 30 lignes[3]. Alors que des écrans de télévision sont aujourd'hui présents partout, neuf Français sur

1. https://www.persee.fr/doc/estat_0336-1454_1970_num_15_1_1984
2. Laurence Bardin, « Du téléphone fixe au portable. Un quart de siècle de relations interpersonnelles médiatisées en France », dans Cahiers internationaux de sociologie 2002/1 (n° 112)
3. La télévision – Histoire d'un objet de consommation 1945-1985, par Isabelle Gaillard, éditions du CTHS, Paris, 2012

dix en ignoraient jusqu'à l'existence en 1949 (en 1950, 4 000 foyers français sont équipés d'un poste de TV).

Les études d'audience n'existant pas à l'époque, l'événement de la retransmission à la télévision en « mondovision » du mariage de la reine Élisabeth II d'Angleterre, en 1953, aurait été suivi par environ 200 millions de personnes dans le monde.

En 1969, 95 % de la population française est couverte par le réseau et plus de 60 % des foyers sont équipés. Il y avait 24000 postes en 1952, un million en 1959 et 10 millions en 1968 selon Laurence Bardin.

La cinquième grande révolution informationnelle a été amorcée il y a environ 50 ans, avec l'arrivée progressive des ordinateurs, du numérique, d'internet, du web...

Ces différentes innovations se sont succédé et « cumulées » en un temps assez court et atteignent aujourd'hui des niveaux de diffusion massifs.

Le premier ordinateur peut être attribué à Alan Turing durant la Seconde Guerre mondiale. Son Colossus (nommé ainsi à cause de sa taille) avait pour but initial de déchiffrer les messages nazis codés avec la machine Enigma.

Internet a été développé dans les années 70 (il y a 50 ans). Il est bon de rappeler le test réalisé par Louis Pouzin dans le cadre du projet Cyclade en France[1]. Mais c'est surtout aux États-Unis que le réseau internet va être développé à grande échelle.

Des applications multiples vont ensuite être inventées, comme les navigateurs, les mails, les forums et le World Wide Web. Le web a été développé en 1989 par l'ingénieur anglais Tim Berners-Lee et le Belge Robert Caillaux au CERN à Genève. Le premier site « www » est né en 1993.

Le web a donc été inventé par un Anglais et un Belge travaillant

1. Cyclades est un projet français ayant eu pour but de créer un réseau d'ordinateurs inspiré du réseau américain Arpanet. Dirigé en 1972 par Louis Pouzin, il est abandonné en 1978 après l'ouverture du réseau public à commutation de paquets Transpac.

pour une institution européenne dont les bureaux étaient à la frontière franco-suisse… Bel exemple d'Europe !

C'est dans cette cinquième révolution que nous sommes à présent totalement immergés et dont nous décrirons plus loin les menaces et opportunités qu'elle recèle.

Chapitre 2

Les révolutions industrielles

Les grandes révolutions industrielles du XVIIIe siècle à nos jours ont eu elles aussi un impact considérable. Elles ont transformé le monde économique (mode de productions, modes de travail…) et social (classes sociales, habitat, etc.) de manière profonde en très peu de temps.

La première révolution industrielle, qui débute vers la fin du XVIIIe siècle, est liée à l'apparition de la mécanisation, notamment avec l'invention et le développement de la machine à vapeur conjuguée à l'exploitation du charbon.

On assiste alors au développement du chemin de fer, qui permet l'accélération des déplacements et des échanges. Simultanément, les progrès de la sidérurgie permettent l'industrialisation de la production d'acier. La métallurgie fait des progrès considérables pour façonner des rails, des plaques, des tubes, des poutres… qui s'avèrent déterminants pour la construction de ponts et d'infrastructures. L'industrie textile se développe autour de la mécanisation de la filature et du tissage.

Photo de Roland Lösslein sur Unsplash

Cette révolution industrielle est concomitante à la transition démographique qui s'opère en Europe avec la chute progressive de la mortalité (des progrès agricoles qui permettent de mieux nourrir les populations, des politiques hygiénistes qui réduisent le développement et la transmission des maladies et des progrès considérables de la médecine, avec la révolution pastorienne qui prouve l'origine microbienne des maladies contagieuses et qui aboutit à la généralisation des vaccins ou encore à la stérilisation).

Dans le même temps, l'extraordinaire développement du crédit et de la circulation de la monnaie accompagne cette révolution industrielle. C'est l'essor du capitalisme commercial et financier.

Conséquences de cette révolution, des **transformations sociales et économiques majeures**. On voit notamment l'apparition d'une nouvelle classe sociale : les ouvriers d'usine. Les campagnes commencent à se vider et l'on assiste à une explosion urbaine. L'exode rural est d'autant plus marqué que la mécanisation des travaux des champs s'accélère, nécessitant moins de personnel. La nouvelle classe prolétaire pour laquelle les salaires sont faibles coexiste avec une bourgeoisie industrielle et propriétaire qui bénéficie de revenus considérables. Marx et Engels, dans leur critique du capitalisme, théoriseront plus tard cette évolution à travers le concept de "lutte des classes" entre les différents acteurs économiques. La question de la condition sociale se pose à cette époque de manière prégnante et aboutit à la naissance du syndicalisme aux États-Unis et en Europe dans les années 1880.

La deuxième révolution industrielle, vers la fin du XIXe siècle, repose sur l'utilisation de nouvelles sources d'énergie : électricité, pétrole et gaz. Nouvelles ressources et, bien sûr, indispensables nouvelles inventions : le moteur à explosion, le télégraphe puis le téléphone ! Et également nouvelle évolution des matériaux avec l'apparition de l'aluminium qui permet de développer des industries de pointe comme l'automobile ou l'aéronautique.

De nouvelles organisations du travail se mettent en place : taylorisme, fordisme, puis plus tard toyotisme… autour de la division du travail par le découpage en tâches fonctionnelles unitaires. L'ouvrier devient une "machine" captive des chaînes de montage et devant respecter des cadences pour améliorer sans cesse la productivité. Les conséquences sociales de cette « robotisation de l'Homme » seront dénoncées dans des films comme « Les temps modernes » où un Charlie Chaplin bouillonnant démontera par l'absurde les cadences infernales et l'abrutissement des ouvriers. S'ensuivent de nombreux mouvements de contestation et de revendications ouvrières sur les conditions de travail. À noter que les deux guerres mondiales ont très largement contribué à pousser au paroxysme cette deuxième révolution industrielle, pour le meilleur et pour le pire…

La troisième révolution industrielle est bien plus tardive, dans la deuxième moitié du XXe siècle. Nous pourrions en avoir une lecture écologique comme l'écrit Jérémy Rifkin, « notamment pour répondre à la diminution de la production de pétrole et pour une transition vers un développement plus soutenable nécessitant une économie décarbonée (produisant moins de gaz à effet de serre). »

C'est l'heure de l'apparition de l'informatique et de la cinquième révolution informationnelle. La miniaturisation des transistors et des microprocesseurs permettra l'explosion des capacités de calcul des ordinateurs. Ce développement est rendu possible par la découverte de nouveaux alliages, contenant pour certains des métaux et terres rares. Ces ressources vont devenir des enjeux stratégiques au fil du temps avec la démocratisation des productions comme celles des smartphones. Les premières centrales nucléaires sont construites. Parallèlement, l'apparition des automates et des robots dans les usines accélère et optimise considérablement les productions.

Centrale nucléaire de Cattenom.
Photo de Thomas Millot sur Unsplash.

Notons que toutes ces révolutions n'ont pas eu lieu aux mêmes périodes partout dans le monde. Par exemple, c'est en Grande-Bretagne que la première révolution industrielle débute et se développe très largement avant de gagner les États-Unis puis le reste de l'Europe et le Japon. Ce n'est qu'au début du xxe siècle que des pays comme l'Inde et la Chine entameront leurs révolutions industrielles. Par ailleurs, elles ne se sont pas non plus développées au même rythme dans tous les pays – certains pays allant plus vite que d'autres – pour des raisons géographiques, culturelles, politiques ou encore sociales.

Si l'on résume sommairement les trois premières révolutions industrielles : la première a mis en œuvre la mécanisation avec la puissance de l'eau et de la vapeur ; la deuxième la production de masse, les chaînes d'assemblage et l'électricité ; la troisième l'informatique et l'automatisation.

Quant à la quatrième révolution industrielle, celle que nous sommes en train de vivre, elle semble de « nature » beaucoup plus complexe et systémique, les révolutions informationnelles et technologiques se combinant de plus en plus (cf. plus loin notamment la « convergence des NBIC ») et impactant aussi bien les équilibres géopolitiques mondiaux que les modes d'organisation du travail, de la production et de la société en général (cf. parties suivantes).

Un rôle historique des technologies dans les dominations géopolitiques (Jean-Pierre Poussou)

Les grandes révolutions politiques étaient nationales (Angleterre, France, Russie) et sans lien avec les technologies. Mais nous sommes entrés au fil du temps dans un monde marqué par des équilibres de force géopolitiques intimement liés à la maîtrise des technologies.

Les trois grandes révolutions politiques européennes (Angleterre 1642, France 1789, Russie 1917) n'ont guère de lien avec les changements technologiques.

La première intervient pour des raisons religieuses et politiques inextricablement mêlées. Elle est l'œuvre des puritains qui s'opposent aux modifications politiques et religieuses que veut imposer Charles Ier.

La seconde est le fait d'une noblesse libérale et d'un ensemble de juristes ou de titulaires d'offices monarchiques qui veulent imposer, dans le vide politique sidéral créé au printemps de 1789 par l'inaction du roi et de ses ministres, la mise en oeuvre de la politique de réformes pour laquelle les États généraux avaient été convoqués ; ni l'économie ni les technologies n'interviennent dans les débats.

La troisième naît de l'essoufflement du tsarisme et également, comme en 1789 en France, de l'absence de poids politique du souverain. En Russie, en mars 1917, il s'agit de mettre en place une société libérale et démocratique. Et l'on sait qu'en octobre le coup d'État des Soviets amène au pouvoir Lénine et le Parti communiste qui sortent vainqueurs de la guerre civile et imposent leur dictature.

Mais si l'on raisonne au niveau géopolitique et avec une vision plus globale de **l'histoire européenne***, il apparaît clairement que* **ce sont les dominations technologiques qui ont permis à l'Europe de dominer le monde jusqu'au milieu du XIXe siècle***.*

Quoique divisée en un très grand nombre d'États qui n'ont cessé de se faire la guerre et bien que ne représentant qu'une faible partie de l'humanité (en espace comme en population), l'Europe n'a cessé d'acquérir de la fin du Moyen Âge au milieu du XIXe siècle (traités inégaux imposés à la Chine de 1842 à 1901) une position de plus en plus dominante.

Plusieurs facteurs clefs expliquent cette situation.

Le premier est l'esprit d'entreprise et le désir de conquête qui permettent aussi bien aux Portugais en Inde qu'aux Espagnols en Amérique centrale et du Sud, plus tard aux Anglais en Inde, de dominer des États aux peuples pourtant incomparablement plus nombreux.

Cet esprit d'entreprise et de conquête n'aurait pu jouer un tel rôle sans une supériorité militaire (tactique, stratégique) reposant sur une extrême volonté d'engagement et sur un matériel supérieur (fusils, canons, cavalerie). La supériorité du matériel militaire européen, née d'inventions, améliorations, innovations incessantes a été forgée pendant les conflits internes à l'Europe (cf. l'artillerie à la fin de la guerre de Cent Ans) et grâce à une grande maîtrise de la métallurgie avant même les progrès considérables de la fin du XVIIIe siècle.

Il faut y ajouter un choix très marqué de l'innovation technique en général. À cet égard l'Europe n'est pas supérieure à la Chine quant aux créations, mais elle l'est largement quant à leur utilisation (cf. l'imprimerie inventée plus tôt en Chine, mais qui ne débouche sur aucune multiplication de l'écrit : il n'est en rien rendu plus accessible pour l'ensemble des Chinois) ; l'utilisation des moulins à eau et à vent, le recours industriel à la force hydraulique apparaissent en Europe dès les Xe-XIe siècles et sont tout à fait significatifs[1].

Depuis le Xe siècle l'Europe connaît donc une économie sans cesse croissante, malgré le recul momentané dû à la Peste noire. C'est une expanding economy *qui innove également en matière financière (les banques) et comptable (la comptabilité en partie double), ce qui s'accompagne d'un grand rôle des entrepreneurs individuels. Déjà présentes en Italie, ensemble de pays catholiques, ces caractéristiques sont accrues aux Pays-Bas et en Angleterre*[2]*, pays protestants où s'est mise en place une « société de confiance » (A. Peyrefitte)*[3].

---

1. André Guillerme, *Les temps de l'eau : la cité, l'eau et les techniques*, Seyssel, Champ Vallon, 1983.
2. J'ai abordé cette question dans mon texte « Les prépondérances des économies maritimes des Provinces-Unies et de l'Angleterre (fin XVIe-fin XVIIIe siècle) : essai de mise en perspective », dans B. Blancheton et H. Bonin (dir.), *La croissance en économie ouverte (XVIIIe-XXIe siècles) : Hommage à Jean-Charles Asselain*, Berne, Peter Lang, 2009, p. 109-133.
3. Alain Peyrefitte a écrit que la supériorité d'abord de l'Italie à la fin du Moyen Âge puis de l'Europe protestante du nord-ouest de l'Europe s'explique avant tout par « l'ethos de confiance compétitive, c'est-à-dire un comportement de l'homme qui prend des initiatives, qui a confiance en lui-même, qui a confiance en son projet, qui sait susciter la confiance d'une équipe, dans

À partir de la fin du XVIIe siècle, l'effort pour augmenter les gains économiques ne cesse pas. À des dates différentes et dans des domaines divers l'innovation est recherchée : par exemple, après 1680 dans la soierie lyonnaise qui s'impose au niveau européen malgré l'ancienne primauté italienne. Puis, à partir du milieu du siècle, les machines textiles anglaises révolutionnent la production et ses conditions, avant que l'invention de la machine à vapeur apporte une source d'énergie qui en un demi-siècle s'avère décisive et permet que s'installe la mécanisation par la substitution désormais de l'énergie des machines à la force humaine et animale. Cet esprit d'innovation s'étend à la métallurgie et aux moyens de transport, la révolution industrielle devenant un processus global qui comprend aussi une accélération de la circulation de l'information. Il est important de souligner que la mutation concerne également les moyens militaires, car la supériorité européenne ne cesse de s'accroître dans ce domaine, permettant à la fois de pénétrer et soumettre le continent africain au cours du XIXe siècle (mais nullement avant, car si la traite se développe au XVIIIe siècle, c'est parce que les marchands noirs sont capables d'augmenter considérablement le nombre d'esclaves qu'ils vendent aux Européens, mais ceux-ci ne pénètrent pas à l'intérieur du continent) et d'obliger la Chine à accepter les traités inégaux.

***Les supériorités militaires et technologiques ont ainsi débouché sur la suprématie économique et politique de l'Europe,** que ne conteste réellement qu'un enfant colonial de celle-ci : les États-Unis, où l'on retrouve d'ailleurs la plupart des caractéristiques européennes déjà citées portées à un degré supérieur, notamment dans l'esprit d'initiative et d'innovation comme on le voit lors de la seconde révolution industrielle (électricité, chimie, aviation, automobile), celle de la fin du XIXe et du début du XXe siècle, dans laquelle ils sont pleinement engagés et dont ils tirent un grand profit[1]. Dès le lendemain de la Grande Guerre, ils sont au premier rang des puissances.*

L'afflux dans les usines et les rapides croissances urbaines, avec en contrepoint les exodes ruraux, sont l'une des conséquences majeures des changements. L'usine, en particulier, symbolise les nouvelles sociétés du

---

une société portée elle-même à la confiance… Le progrès technique est la conséquence de l'esprit de novation. Pour que le progrès technique soit admis par une société, il faut que cette société soit ouverte à la nouveauté… » (*La société de confiance. Essai sur les origines et la nature du développement*, Paris, Odile Jacob, 1995).

1. François Caron, *Les deux révolutions industrielles du XXe siècle*, Paris, Albin Michel, 1997.

XIXe et du début du XXe siècle. En elle-même elle constitue un changement technico-social fondamental, une très grande partie des innombrables artisans étant remplacée par d'immenses cohortes ouvrières amenées à travailler ensemble dans un même lieu et sous une même direction, labeur qui s'accompagne de la mécanisation et de la parcellisation des tâches. Ce n'est pas cela qui est en soi une nouveauté : déjà dans les mines, les arsenaux ou pour la pêche à la morue cette manière de travailler en groupes nombreux placés sous une même direction existait, mais elle est désormais la norme, et l'on sait que Karl Marx voyait dans la naissance et le développement de ce prolétariat ouvrier toujours plus nombreux le futur terreau révolutionnaire et la future classe dominante.

Loin que les changements politiques et sociaux soient à l'origine des changements technologiques, à moyen ou long terme ce sont ces derniers qui influent sur les premiers en rendant progressivement obsolètes les anciennes dominations nobiliaires *et en permettant à des roturiers de plus en plus nombreux de monter dans l'échelle sociale.*

L'essor des États-Unis vient justement du mariage de grandes ressources naturelles, d'un esprit d'innovation très poussé et de l'absence de hiérarchies nobiliaires semblables à celles de l'Europe : c'est une société sans nobles. Une vision générale de l'évolution de l'humanité depuis le XVIIe siècle nous amène d'ailleurs à constater que les étapes successives des changements technologiques ont créé elles-mêmes les conditions dans lesquelles elles se sont succédé, et l'on voit en outre que les différentes vagues de révolutions technologiques, parce qu'elles se sont emboîtées les unes dans les autres[1]*, sont intervenues à des intervalles toujours raccourcis jusqu'ici et donc à un rythme de plus en plus rapide.*

Arrivés à ce stade de notre analyse, il nous reste à essayer d'imaginer **quelles vont être les conséquences géopolitiques des changements que nous sommes en train de vivre.**

La suprématie économique et politique semble être en train de passer à la Chine même s'il est possible qu'elle soit obligée de la partager avec l'Inde. Ces deux puissances ont en effet pour elles à la fois l'énormité de leur population et la capacité qu'elles ont montrée au cours des dernières décennies à développer des élites remarquablement instruites et insérées dans la révolution technologique en cours, voire capables de jouer un rôle

1. Cf. David S. Landes : « c'est la Révolution industrielle qui amorce un progrès cumulatif de la technique et de la technologie », *L'Europe technicienne ou le Prométhée libéré*, Paris, Gallimard, 1975, p. 12.

croissant dans l'innovation technologique. Pourtant, le nombre n'est pas en soi de manière inexorable une cause de supériorité : celle-ci tient surtout à la **maîtrise technologique** *avec ses développements multiples, notamment militaires.*

La suprématie économique européenne a bien été liée à la fois à sa supériorité militaire qui lui permettait de disposer d'un plus grand nombre de soldats et officiers capables de maîtriser les nouvelles armes et à un plus grand nombre d'usines, le tout renforcé par la mainmise coloniale et financière.

Mais, aujourd'hui les conditions risquent de changer du tout au tout : **dans les nouveaux domaines informatiques, Chinois et Indiens sont en passe de disposer d'un nombre très supérieur d'acteurs** *dont l'efficience ne pourra être freinée ou handicapée que par les pesanteurs internes des sociétés de ces pays (traditions sociales et pratiques religieuses en Inde, dictature du PC en Chine, ce à quoi il faut ajouter, dans les deux cas, la difficulté à faire marcher d'un même pas des populations aussi énormes).*

Seule la maîtrise européenne et américaine de nouveaux procédés pourrait permettre d'annihiler la loi du nombre, ce qui fait des Gafam un enjeu central. Les risques de conflits mondiaux, notamment entre les États-Unis et la Chine, sont de plus en plus à envisager, mais on peut aussi penser à un équilibre de la terreur comme la bombe atomique l'avait permis entre les États-Unis et l'URSS. À cet égard, la question des satellites et d'une éventuelle nouvelle « guerre des étoiles » pourrait s'avérer déterminante.

La question de la part de l'Europe – mais aussi des États-Unis – dans les révolutions technologiques à venir est donc cruciale, car elle commandera la suprématie mondiale.

Recteur Jean-Pierre Poussou,
professeur émérite à Sorbonne Université

Chapitre 3

Les révolutions socioculturelles du XXe siècle

On parle beaucoup des technologies, ou des États, mais qu'en est-il des (r)évolutions des « gens » ?

Car la grande caractéristique du siècle dernier a été un formidable changement de nos « sociocultures » : un changement des tropismes individuels, des mentalités et sensibilités qui s'accompagnent d'un changement des modes de fonctionnement collectifs et de l'organisation du « tissu social ».

Alain de Vulpian, socio-anthropologue, fondateur dans les années 50 d'un institut d'études atypique[1], décrit de manière passionnante dans son livre « À l'écoute des gens ordinaires. Comment ils transforment le monde » (Dunod, 2004) le processus lent, parfois décalé selon les pays, mais convergent en Occident de **transition entre une première et une deuxième modernité au cours du XXe siècle.**

Les travaux menés par la Cofremca en France et ses partenaires aux États-Unis, en Suède ou encore en Italie et en Allemagne révèlent que, depuis le milieu du XXe siècle, ce sont les transformations des tropismes d'individus de plus en plus nombreux à les partager qui orientent celles du tissu social. Que leur combinaison « sélectionne »

1. La Cofremca, qui mettra en place dans les années 70 un système de détection, d'analyse et de suivi des courants socioculturels.

certaines innovations techniques qui entrent presque naturellement dans les mœurs tandis que d'autres innovations ne « prennent » pas. De leur côté, les innovations qui sont adoptées et les changements du tissu social alimentent les manières dont évoluent les tropismes individuels.

La première modernité a été cette étape du processus de modernisation du XXe siècle qui s'épanouit après la deuxième guerre mondiale dans le triomphe de la société de consommation de masse. La seconde modernité (dont les signes avant-coureurs sont perceptibles dès les années 60) est l'étape suivante du processus qui va nous amener vers la bascule dans la troisième modernité à la charnière du XXe et du XXIe siècle dans laquelle nous baignons aujourd'hui. Le fil rouge est l'émergence d'un phénomène central où les gens ordinaires prennent un pouvoir considérable sur le cours des choses.

La première modernité et le triomphe de la société de consommation de masse

La première modernité est caractérisée par **l'émancipation progressive des personnes.** Une société que beaucoup qualifient d'ailleurs « d'individualiste ». Elle est marquée par deux grandes évolutions : **l'aspiration au bonheur personnel** et ce qu'Alain de Vulpian décrit comme « **un tropisme d'ascension** ». On sort progressivement d'une forme d'idéologie du devoir au profit d'une croissance des envies et des goûts qui sont du ressort des choix personnels.

Au milieu du siècle, une rencontre se produit entre les aspirations des gens et des produits inventés avant la guerre qui prennent tout leur sens : on assiste au développement des loisirs (les fameux « congés payés »), de la voiture, de la télévision. Et également au développement de toute une série de produits de consommation symboles du « confort moderne » (réfrigérateurs, téléphone…).

Source Pixabay

Le tropisme d'ascension est un puissant moteur de changement des tropismes individuel

Deux éléments clefs expliquent les évolutions de mentalité de cette période ainsi que celle des comportements et des modes de vie : d'un côté une **forte montée du standing**, de l'autre une réelle **fascination de la modernité**.

Cependant pendant cette période, et cela semble aujourd'hui paradoxal, alors que les personnes s'émancipent progressivement des normes et des devoirs, **le tissu social reste massif et très hiérarchique** (le système de la mode et de la « haute couture » reflétant très bien cela).

Les grandes entreprises sont les champions de cette première modernité avec le développement de la production de masse, le taylorisme et le fordisme. Modes de production et aspirations des consommateurs vont créer une réelle course à la consommation. Le mimétisme hiérarchique, l'imitation de ceux qui sont censés être plus haut que soi dans l'échelle sociale (ce que l'on a appelé le « standing ») joue à plein.

Ceci accompagne le "grand mouvement techno-éco-sociologique de passage du secteur primaire au secondaire, puis au tertiaire, ce qui favorise la croissance des classes moyennes aux dépens de la bourgeoisie et surtout de la classe ouvrière et des paysans".

La deuxième modernité et la constitution d'un tissu social « en réseau »

Au fil du temps, les gens font l'apprentissage et l'expérience de leur propre émancipation. Et cela commence à écorner progressivement le bel édifice de la société individualiste et hiérarchique de consommation de masse.

Cette première modernité, « commandée d'en haut par des initiatives et les innovations de grandes entreprises, des États et des élites technocratiques et politiques » se fissure lors de la décennie charnière de 1965 à 1975. « Les jeunes en dissidence, écrit Alain de Vulpian, font école auprès des parents » et ce sont les explosions de Mai 68, qui amorcent une rupture culturelle majeure.

Le mythe de la modernité et celui du progrès s'effritent face à une aspiration montante qui se diffuse dans toutes les couches de la population : le besoin d'expression personnelle et d'accomplissement de soi. C'est ce besoin que Maslow, au début des années 50, a placé au sommet de sa fameuse pyramide (« self actualisation », c'est-à-dire accomplissement personnel).

Ce besoin croissant fait décliner la motivation de standing comme moteur dominant des choix : on cherche avant tout à être soi et à l'exprimer. Les offres de consommation s'adaptent et se diversifient de plus en plus, c'est la grande époque du « marketing ». La multiplicité croissante des offres contribue à brouiller les échelles (hiérarchiques, statutaires) et progressivement la consommation se déhiérarchise.

Ce besoin d'expression personnelle se développe d'abord dans les années 60 et 70 selon des modes que l'on pourrait qualifier de « contestataires », en opposition, car il est fortement corrélé à un rejet croissant de l'autorité hiérarchique, pyramidale et statutaire.

Dans le même temps se développe ce que la Cofremca avait nommé le « polysensualisme » et le **poids accordé aux émotions** (cf. le développement de la télévision, de la musique ou du cinéma). Des gens qui cherchent à s'épanouir sont de plus en plus à l'écoute de leurs sens et sensations. Un poids croissant est accordé à l'intuition.

Nous passons progressivement d'une culture « dominée par l'écrit et l'intellect à une culture musicale et émotionnelle (...) ».

Le tissu social de la société se modifie avec une « ouverture aux autres » qui se développe. Le tropisme hiérarchique s'efface progressivement devant **l'émergence d'un tissu social caractérisé par son « hétérarchie » et la multiplicité des liens qui se tissent de plus en plus entre les gens eux-mêmes.** On choisit ses groupes

Photo William White sur Unsplash

d'appartenance, plus ou moins éphémères et qui se multiplient, c'est le développement des « philées » (le sociologue Michel Maffesoli parlait du « temps des tribus » dans son livre éponyme paru en 1988[1]).

Le besoin de se connecter aux autres croît. Des synergies naturelles vont ainsi apparaître entre les nouvelles technologies d'information et la société des gens.

Dès 1977 apparaissent les premiers ordinateurs personnels destinés à un large public n'ayant pas forcément de connaissances en informatique. Ils entrent dans les entreprises avant de pénétrer dans les foyers, mais leur développement est très rapide (en 1977 48 000 ordinateurs personnels sont vendus dans le monde, en 2001 ce sera 125 millions). Le micro-ordinateur personnel et communiquant renforce l'autonomie de chaque personne et favorise la création de réseaux interindividuels. Et, comme en une espèce de « feed back », la diffusion croissante de l'usage des micro-ordinateurs fait encore progresser le besoin d'autonomie individuelle et de relations plus nombreuses avec les autres.

Le développement de l'usage des téléphones portables et d'internet à partir du milieu des années 90 s'inscrit dans ce même mouvement et accélère dans le même temps les transformations des gens et de la société. Le changement socioculturel et l'innovation technologique dans les domaines de l'information et de la communication sont interdépendants et en étroite synergie. Les gens en recherche d'autonomie individuelle et de relations avec les autres ont besoin de se connecter et de se déconnecter librement et facilement.

1. *Le Temps des tribus : le déclin de l'individualisme dans les sociétés postmodernes (Gallimard, la Table ronde)*

Pour entrer dans 50 millions de foyers la radio a mis 37 ans, la télévision 13 ans et internet seulement 5 ans.

Cette deuxième modernité est ainsi marquée par un **fabuleux développement des connexions en réseau.**

Les concepteurs des premiers **téléphones portables** n'avaient pas anticipé leur fabuleuse expansion. En France, il y avait un peu plus d'un million d'abonnements en 1995, il y en a plus de 72 millions en 2021. Ces nouveaux outils s'inscrivaient pourtant totalement en phase avec les évolutions des « gens », de leurs modes de fonctionnement collectif.

Les évolutions du « web » sont, elles aussi, révélatrices des évolutions de société, qu'elles ont alimentées.

Alors qu'au début d'internet c'étaient les « machines » qui étaient en relation, avec le « World Wide Web » (la toile d'araignée mondiale) tout change.

On a pu l'oublier, ou même ne jamais le savoir, le fameux « www », sorte de subdivision d'internet, est caractérisé par la possibilité de naviguer entre des documents reliés par des liens hypertextes (appelés « pages web ») grâce à un logiciel appelé navigateur. Il a été mis au point au CERN par Tim Berners-Lee, le créateur du concept d'hyperlien, considéré aujourd'hui comme le père fondateur du Web. Au-delà de ces liens hypertextes, le web prend tout son sens avec le protocole HTTP (« HyperText Transfer Protocol »), qui permet de lier des documents hébergés par des ordinateurs distants (les « serveurs web »).

Alors que le **premier site web (en 1990, au CERN) est peu ou prou très marqué par les caractéristiques de la première modernité** (du texte, de l'information qu'on consulte, « descendante », avec laquelle on ne peut pas interagir), l'introduction d'images sur les sites web à partir de 1992 (la première fois au CERN encore avec « Les Horribles Cernettes », groupe parodique formé autour d'une secrétaire du CERN) et l'apparition des navigateurs qui permettent d'accéder à un site sans avoir son adresse (le premier sera Netscape en 1993) transforment les usages.

Première image téléchargée sur le World Wide Web, sur le site du CERN. Photo de Silvano De Gennaro. Source Wikipedia.

En 1998, avec le lancement du moteur de recherche Google, l'accès à l'information est encore facilité.

C'est le **passage au « web 2.0 » qui constitue le véritable marqueur de la première décennie des années 2000.** C'est-à-dire la manière dont les internautes eux-mêmes ont saisi les innovations du web (sites personnels, wiki, réseaux sociaux) et se les sont appropriées pour en transformer radicalement l'usage.

Et ce fut comme une sorte de manifestation éclatante des caractéristiques clefs de la seconde modernité.

En **1994**, un étudiant nommé Justin Hall lance son site personnel, le premier « blog » est né. 4 ans plus tard, en 1998, Open Diary permet à ses utilisateurs de publier leurs journaux en ligne de manière publique ou privée et d'ajouter des commentaires.

En 2000, c'est au tour de **Wikipedia** de faire son apparition. 20 000 articles sont publiés dès la première année.

En 2003, c'est le lancement de LinkedIn (avec 10 membres !) qui va s'imposer en tant que « réseau social professionnel » : fin 2004 il y a déjà 1,6 millions de membres..., puis 8 millions fin 2006, 300 millions fin 2014[1] et en 2021 quelques 790 millions. La croissance est fulgurante pour un réseau « thématique » comme LinkedIn.

Beaucoup plus « grand public » apparaît en 2004 **Facebook**, puis en 2005 **Youtube** et en 2006 **Twitter. Au premier trimestre 2021,**

1. Source : https://www.proinfluent.com/histoire-du-reseau-social-linkedin/

Facebook revendiquait 2,85 milliards d'utilisateurs actifs chaque mois[1] !

Les internautes se sont ainsi littéralement emparés des possibilités d'échanges « pair à pair » que les possibilités techniques de ces plateformes leur offraient.

Mais aujourd'hui que devient cette « deuxième modernité » ? Avec ces interactions entre les mentalités, modes de vie et les innovations technologiques qui semblent leur « répondre », n'est-on pas en train de rentrer, sans nous en rendre forcément compte nous-mêmes, qui en sommes les acteurs, dans une troisième modernité ?

Un lancement d'internet qui préfigure la seconde modernité : (Alain de Vulpian)

*« Le développement des technologies d'internet à la fin des années 1960 avait également été inspiré par la volonté d'émancipation des milieux spécialisés qui avaient conçu une structure en réseau fondamentalement non hiérarchique. On sait qu'internet a été au départ une création des militaires américains ; des militaires dont on s'attend à ce qu'ils baignent dans une culture hiérarchique. Les chercheurs à l'origine de cette découverte faisaient en effet partie de la DARPA (Defense Advanced Research Projects Agency), mais c'étaient des militaires d'un genre particulier, assez largement influencés par la philosophie hippie en plein boom à l'époque[2]. Alors qu'internet commence à faire parler de lui, on assiste à l'émergence aux États-Unis de la subculture des hackers - en particulier au Massachusetts Institute of Technology. Ces jeunes « bidouilleurs » détournent la vocation militaire de l'internet et commencent à développer une communication horizontale de personne à personne (*peer to peer*). C'est la combinaison de cette possibilité d'échange d'égal à égal avec la création des premiers moteurs de recherche (qui permettent de faire le tri dans l'information) qui fait l'originalité et l'immense succès d'internet. Très rapidement, internet*

1. https://www.journaldunet.com/ebusiness/le-net/1125265-nombre-d-utilisateurs-de-facebook-dans-le-monde/
2. Dominique Cardon. *La démocratie internet : Promesses et Limites*, Seuil, 2010.

est perçu par ces jeunes chercheurs du MIT comme une formidable opportunité de liberté : la possibilité d'échanges **peer to peer** *permet en effet de court-circuiter la hiérarchie établie. »*

Extrait de « À l'écoute des gens ordinaires. Comment ils transforment le monde » (Dunod, 2004)

Conclusion : la fin du xxe siècle et le début du xxie semblent marquer une sorte de « point de bascule »

La perspective historique nous montre comment nous sommes passés de premières « révolutions » successives et en quelque sorte parallèles à des révolutions de plus en plus simultanées, qui se combinent, car elles entretiennent des liens évidents (nous parlons ici de la 3e révolution industrielle, de la cinquième révolution informationnelle et de la seconde modernité s'affirmant à la fin du xxe siècle).

C'est une véritable révolution systémique qui s'engage sous nos yeux. Nous la « vivons », voire souvent nous y contribuons, et c'est ce qui en rend la conscience des enjeux, menaces et opportunité plus difficile.

Et en ces débuts de xxie siècle, le rythme de ces révolutions semble s'accélérer encore avec de nouvelles « combinaisons » de découvertes, des convergences qui foisonnent.

Partie 2

Les débuts du XXIe : convergences, nouvelles « découvertes » et incertitudes

Nous assistons depuis une vingtaine d'années à la multiplication d'innovations ou « découvertes », plus impressionnantes les unes que les autres, qui impactent nos vies. C'est un véritable « **saut » qui génère de multiples inconnues.** Les avancées technologiques s'accélèrent, se croisent, donnant à chacune d'elle plus d'ampleur. Cela ouvre des horizons parfois illimités et des perspectives qu'il nous est dans certains cas difficile d'imaginer.

Citons quelques-uns des champs d'applications marquants de cette convergence :

- révolution de l'information avec des données issues de l'analyse prédictive[1] des algorithmes ;
- révolution de la vie privée, concept qui pourrait ne presque plus exister avec les big data, le scoring ou profilage des individus (actif aujourd'hui avec le crédit social en Chine), les caméras et écoutes systématisées, les puces, etc. ;
- révolution des transports avec l'abandon possible de la voiture personnelle pour des voitures autonomes partagées, poids lourds autonomes, interconnexion des véhicules, gestion infor-

1. Information délivrée avant même de l'avoir demandée, anticipant les besoins

matique du trafic, navettes spatiales avec lanceurs réutilisables, tourisme spatial, pilotage d'un robot sur mars, exploration et extraction de matériaux sur une comète ;
- révolution de la logistique automatisée, avec les livraisons par robots, par drones ;
- révolution de production et de la personnalisation des objets avec l'impression 3D, avec la bio impression qui permet de créer n'importe quel produit alimentaire ou tissus avec une imprimante, impression de maisons ou tout autre objet ;
- révolution de la perception avec la réalité virtuelle et augmentée, émergence des métavers ;
- révolution de la médecine, éradication de maladies majeures, modification des cellules, possibilités d'eugénisme, nanorobots d'analyse et de soins dans notre corps, hybridation homme-machine, génétique synthétique (fabrication de cellules de manière artificielle), optogénétique qui permet de rendre sensibles des cellules à la lumière, cellules souches pluripotentes induites (IPS) qui transforment une cellule spécialisée en n'importe quelle cellule de l'organisme, technologies qui ouvrent la voie au développement de stratégies innovantes en médecine régénérative, en immunothérapie des cancers, et en implantation de cœur artificiel… ;
- révolution énergétique avec une course aux innovations scientifiques pour lutter contre le dérèglement climatique (exemple de la fusion nucléaire ou encore de la découverte du graphène qui ouvre des perspectives incroyables pour le stockage de l'énergie) ;
- révolution de l'apprentissage et de la connaissance, avec la perspective de puces connectées au cerveau (objectif contesté poursuivi par Elon Musk avec sa société Neuralink), véritable cas d'application de l'hybridation homme-machine ;
- révolution du travail avec l'intelligence artificielle et les robots (vont-ils « remplacer » les humains ?) ;

- tokenisation de la société (blockchain, NFT) et révolution des échanges (cryptomonnaies).

Ce très rapide tour d'horizon, loin d'être exhaustif, donne le tournis. Autant d'évolutions simultanées qui, pour chacune d'elles, ouvrent de nouvelles perspectives. Certaines ne sont encore qu'au stade du concept et ne verront peut-être jamais le jour. Mais d'autres apparaîtront certainement qui rendront cette liste obsolète…

Nous avons souhaité mettre l'accent sur plusieurs phénomènes majeurs qui puisent leurs racines dans la fin du XXe siècle, mais dont les accélérations récentes liées à de nouvelles « découvertes » font que l'on n'en maîtrise pas encore tous les développements possibles (et encore moins « souhaitables »…) : révolutions NBIC, développements de l'IA, « transhumanisme », métavers, avec en filigrane les fortes transformations d'internet et des usages du numérique.

Chapitre 4

La convergence des découvertes NBIC accélère les révolutions en cours

Au début des années 2000 apparaît le terme de « technologies convergentes » pour désigner la rencontre d'innovations dans les domaines de la microélectronique, de la bio-informatique, des nanotechnologies, des technologies de l'information et des sciences cognitives (en 2004 la Commission européenne publie le rapport d'Alfred Normann sur les technologies convergentes)[1].

Puis apparaît le fameux acronyme « NBIC », pour désigner un champ scientifique multidisciplinaire qui se situe au carrefour des **Nanotechnologies, des Biotechnologies, de l'Informatique et des sciences Cognitives.** Certains utilisent même pour en parler la notion de « **grande convergence** », qui souligne l'interconnexion croissante entre « l'infiniment petit (N), la fabrication du vivant (B), les machines pensantes (I) et l'étude du cerveau humain (C) »[2]

1. *http://publications.europa.eu/resource/cellar/7d942de2-5d57-425d-93df-fd40c682d5b5.0001.02/DOC_2*

2. *Monique Atlan et Roger-Pol Droit, « Humain : une enquête philosophique sur ces révolutions qui changent nos vies », Paris, Flammarion, coll. « Champs / Essais » 2014.*

Les nanotechnologies

La maîtrise de l'infiniment petit est sans doute l'un des phénomènes les plus marquants de ce début de XXIᵉ siècle parce qu'il est déterminant dans l'accélération des différentes révolutions.

Selon la définition de l'INSERM, "les nanotechnologies et les nano-objets regroupent les techniques et les outils du monde de l'infiniment petit : le millionième de millimètre ». Travailler à une telle échelle offre des perspectives immenses dans de nombreux domaines : informatique, cosmétique, énergie… En **santé**, les « nanos » devraient conduire à d'importants progrès dans les méthodes diagnostiques et les approches thérapeutiques. »

Le sujet des nanotechnologies est abordé plus longuement dans le chapitre « de l'homme réparé à l'homme augmenté ».

L'informatique

Grâce à la miniaturisation rendue possible par les nanotechnologies, nous sommes passés en quelques années d'ordinateurs qui occupaient des pièces entières à des ordinateurs de capacités largement supérieures en termes de puissance de calcul et que l'on parvient à insérer dans un simple smartphone. *IBM a annoncé en mai 2021 avoir développé une puce de 2 nanomètres (unité équivalente à un milliardième de mètre), la plus petite au monde.*

Cette miniaturisation a permis, entre 1965 et 2017, de doubler le nombre de transistors par puce de silicium

Microprocesseur.
Photo Olivier Collet sur Unsplash.

à peu près tous les 18 mois, à coût constant. C'est la célèbre « **loi de Moore** », exprimée en 1965 par Gordon Moore, co-fondateur d'Intel, qui annonçait dans le magazine Electronic un doublement du nombre de transistors sur une puce tous les 18 mois.

Remarque

Cette loi fut écrite à une époque où l'on plaçait à peine une trentaine de transistors sur une puce. Or, désormais la taille des transistors s'exprime en nanomètres et les puces en comptent des dizaines de millions...

De nombreux experts, dont Moore lui-même, pensaient que la loi deviendrait obsolète dès lors que l'on atteindrait les limites physiques de la microélectronique. Et effectivement, depuis 2015, la croissance du nombre de transistors présents sur une puce décline. Les transistors auront d'ici peu atteint une taille minimale limite, de l'ordre de quelques nanomètres à peine. De plus, la fréquence des processeurs stagne en raison des difficultés à dissiper la chaleur émise par un nombre de plus en plus grand de transistors.

Confrontée aux limites de la taille des atomes et aux investissements colossaux qu'exigent les nanotechnologies, la Loi de Moore ne devrait donc plus pouvoir fonctionner éternellement. ***L'industrie électronique se tourne désormais vers des puces multicœur (multicore en anglais) et travaille sur de nouvelles pistes comme l'optique ou le quantique*** *et de nouvelles technologies sans silicium.*

Autre sujet d'espoir et de fantasme, **le développement d'ordinateurs quantiques**.

Pour bien comprendre l'enjeu de cette technologie, imaginez que l'on puisse résoudre en 200 secondes des calculs qui auraient pris 10 000 ans avec un ordinateur classique. C'est ce qu'a prétendu Google en 2019. Des scientifiques de l'Université de sciences et technologie de Chine ont annoncé à leur tour en juillet 2021 avoir créé un ordinateur quantique de 66 qubits (baptisé Zuchongzhi 2) 1 million de fois plus rapides que le Sycamore de Google et 10 millions de fois plus rapides que le superordinateur le plus puissant du monde.

Découverte confirmée en novembre dernier par le Journal de la Société américaine de physique[1].

Pour John Preskill, physicien à l'origine de la définition de la « suprématie quantique »[2], il y encore beaucoup de choses qu'on ignore... Et il interroge **l'utilité d'un ordinateur quantique** : « Google a cette machine, mais on ne sait pas si elle peut faire quelque chose d'utile qui intéresse tout le monde au cours des prochaines années ». Car il ne pense pas que « quiconque ait fait quoi que ce soit avec un ordinateur quantique jusqu'à présent qu'on ne puisse pas faire beaucoup mieux avec les ordinateurs numériques classiques existants ». Pour résumer la chose trivialement : **l'Homme est en possession de cette machine, mais il ne sait pas quoi en faire**...

La cognitique

Avec ce que l'on appelle en France la **cognitique, on en arrive à la fameuse « intelligence artificielle »**. Jean-Michel Truong[3] définit la cognitique comme « discipline scientifique et pratique technique, branche de l'informatique, qui a pour objet l'acquisition et la représentation formelle des connaissances et des modes de raisonnement, en vue de leur simulation à l'aide d'ordinateurs ».

Plus globalement l'IA désigne la science du traitement automatique de la connaissance et toutes les techniques qui y sont associées (principalement l'apprentissage automatique – ou machine learning en anglais – puis l'apprentissage en profondeur – ou deap learning en anglais). Ces techniques ont permis par exemple l'analyse du signal sonore ou visuel qui équipe nos téléphones avec la reconnaissance faciale ou vocale ou encore la reconnaissance d'objets.

1. https://journals.aps.org/prl/abstract/10.1103/PhysRevLett.127.180501
2. https://www.latimes.com/science/story/2019-10-23/quantum-supremacy-google-computers
3. Jean-Michel Truong, expert en intelligence artificielle a déposé le mot « cognitique » à l'INPI en 1983.

Aujourd'hui l'intelligence artificielle est l'objet de nombreux fantasmes (surtout lorsqu'elle est couplée avec la robotique). Telle qu'elle existe aujourd'hui, il s'agit de l'utilisation d'algorithmes capables de résoudre des problèmes d'une certaine classe. La machine simule l'intelligence (elle semble agir comme si elle était « intelligente »).

Cette intelligence artificielle que certains appellent « faible »[1] est déjà très présente dans notre quotidien. On la retrouve notamment dans les assistants personnels intelligents intégrés dans les "enceintes intelligentes" (Google Home, Apple HomePod, Amazon Echo), dans les messageries instantanées (Messenger, WeChat), les applications informatiques de commande vocales (Siri, Cortana), et dans de nombreux objets connectés (smartwatches, wearable, électroménager, voitures, etc.).

Les géants d'internet comme les États investissent des sommes considérables dans la recherche en intelligence artificielle, espérant atteindre ce que certains comme Google nomment la « singularité », c'est-à-dire l'autonomie totale de l'intelligence artificielle et la conscience d'elle-même, à la base du « transhumanisme ». Nombre de chercheurs réfutent l'idée que nous y parvenions un jour…

Les biotechnologies

Autre fantasme pour certains ou future réalité pour d'autres : l'hybridation homme-machine. C'est-à-dire l'établissement d'une relation biologique entre l'informatique et la cognitique d'une part et le corps humain d'autre part. **C'est là qu'interviennent les biotech-**

1. Certains opposent une intelligence artificielle « faible » à une « forte » et qui aurait des capacités égales voire supérieures à celle d'un Homme. Il n'y a pas consensus sur la possibilité de voir émerger une intelligence forte. Le chef d'entreprise Laurent Alexandre soutient dans son ouvrage « La guerre des intelligence » que cela est inéluctable. Des experts comme Luc Julia ou Jean-Gabriel Ganascia dans « Servitudes virtuelles » en doutent fortement.

nologies champ sans doute le plus « sensible » aujourd'hui puisqu'il s'agit in fine de la « manipulation du vivant », alimentée par les découvertes dans les champs de l'informatique, des nanotechnologies et des sciences cognitives.

L'OCDE les définit comme « *l'application de la science et de la technologie à des organismes vivants, de même qu'à ses composantes, produits et modélisations, pour modifier des matériaux vivants ou non vivants aux fins de la production de connaissances, de biens et de services* ». Autrement dit, il s'agit de la capacité, après la découverte de l'ADN, de cultiver des cellules, de les créer artificiellement puis enfin de les manipuler ou les fusionner.

Le magazine Futura décrit bien la variété des **applications « positives » des biotechnologies**[1] : « *En matière de santé, elles permettent de mettre au point de nouveaux médicaments et traitements pour combattre des maladies incurables, par exemple en produisant des cellules souches (biotechnologies rouges). Dans la sphère environnementale et agricole, elles permettent de dépolluer des eaux et de créer des plantes entraînant une utilisation plus modérée de l'engrais (biotechnologies vertes). Ces technologies servent également à mieux utiliser les ressources maritimes (biotechnologies bleues), à améliorer l'enseignement en facilitant par exemple la culture à tous les publics sensibles qui souffrent d'une déficience visuelle ou auditive (biotechnologies orange), à fabriquer du biocarburant (biotechnologies blanches), à lutter contre la pollution et à cultiver de microorganismes à l'aide de bioréacteurs (biotechnologies jaunes).* »

À l'issu de cet inventaire à la Prévert, on ressent bien tous les espoirs qui reposent sur les épaules des biotechs. Cependant, de nombreuses **questions éthiques** se posent avec leurs développements potentiels.

Ces technologies ont notamment permis la création des Organismes Génétiquement Modifiés (les OGM). C'est le cas pour

1. https://www.futura-sciences.com/tech/definitions/technologie-biotechnologie-15588/

les céréales, mais aussi pour les animaux, ce qui pose évidemment la question de savoir si ce génie génétique ne pourrait pas aussi être appliqué à l'Homme, avec des dérives éthiques évidentes (en tout cas du point de vue de « notre » culture).

Le chercheur chinois He Jiankui a ainsi annoncé avoir créé les premiers bébés humains génétiquement modifiés en octobre 2018 pour leur éviter d'être atteints du VIH dont était porteur leur père. Ce chercheur a provoqué un scandale planétaire et a immédiatement été désavoué par la communauté scientifique qui a d'ailleurs accusé le gouvernement chinois de laxisme. De son côté, un tribunal de Shenzen, où avaient été menées ses recherches, a condamné He Jiankui à trois ans de prison pour « avoir illégalement procédé à la manipulation génétique d'embryons à des fins de reproduction »[1]. Très récemment, en février 2022, on a appris que La Chine « développe des utérus artificiels humains autonomes surveillés par une IA »…[2]

He Jiankui.
Source Wikipedia

Malgré la création de comités d'éthique un peu partout dans le monde, il y a fort à parier que des expériences secrètes sont et seront menées, comme ce fut le cas avec He Jiankui. Ira-t-on vers la sélection d'individus en fonction de leur patrimoine génétique ? C'est ce que l'on appelle l'eugénisme, objet du superbe et très inquiétant film « Bienvenue à Gattaca » d'Andrew Niccol en 1997 et élément essentiel du « Meilleur des mondes » (écrit par Aldous Huxley en

1. https://www.lemonde.fr/sciences/article/2019/12/30/bebes-genetiquement-modifies-le-chercheur-chinois-condamne-a-trois-ans-de-prison_6024374_1650684.html
2. https://www.futura-sciences.com/tech/actualites/intelligence-artificielle-chine-developpe-uterus-artificiels-humains-autonomes-surveilles-ia-96784/#xtor%3DRSS-8

1931). La question est posée de manière concrète aujourd'hui. Il ne s'agit plus de science-fiction…

Apparition de l'IA connexionniste : histoire, progrès et limites (Jean Rohmer)

*Si l'on parle tant d'intelligence artificielle ces temps-ci, c'est parce que les GAFAM d'un côté et le pouvoir chinois de l'autre ont utilisé d'énormes ordinateurs pour traiter d'immenses ensembles de textes afin de maîtriser suffisamment le langage naturel, et de créer des systèmes qui, d'une part permettent une traduction automatique d'une excellente et étonnante qualité, et d'autre part des choses beaucoup plus étranges comme la production automatique de textes « à la manière de » avec comme seul point de départ une phrase. Avec ces procédés, on commence même à créer automatiquement des programmes informatiques à partir de quelques indications initiales. Les différentes équipes qui travaillent sur ces sujets se livrent depuis 2018 – même pas une olympiade ! – à une concurrence acharnée, sortant chacune son tour tous les trois mois un système qui, selon l'expression consacrée « **outperforms competition** », pour ne pas dire qui ridiculise le précédent champion du monde. Où et comment cela s'arrêtera-t-il ?*

Un peu d'histoire pour comprendre aujourd'hui et imaginer demain

Cette course effrénée qui semble se dérouler et s'accélérer en temps réel sous nos yeux ne date pourtant pas d'hier. On connaît même avec précision sa date de naissance.

*C'est en effet le 20 novembre **1629** que René Descartes, dans sa « Lettre à Mersenne » propose la création d'une « langue philosophique… établissant un ordre entre toutes les pensées, de même qu'il y en a un entre les nombres… [et qui] aiderait au jugement ». Commentant cette lettre un peu plus tard, Gottfried Leibniz dira « **alors raisonner et calculer sera la même chose** ». Le projet de machine à raisonner se mettait en place, et en 1642 la Pascaline[1] voyait le jour pour calculer avec les nombres. Il faudra attendre l'arrivée de l'ordinateur trois siècles plus tard pour imaginer une machine qui raisonne en manipulant des pensées. Et le terme « Intelligence Artificielle » fut proposé en 1956 par John McCarthy et d'autres à la fameuse conférence de Dartmouth.*

---

1. Du nom de l'inventeur de la calculatrice, Blaise Pascal.

Il y eut peu de travaux sur le sujet aux XVIIIe et XIXe siècles et il ***fallut attendre le XXe pour que la convergence des mathématiques, de la logique, de la linguistique trouve dans l'informatique l'occasion de concrétiser la notion de « machine pensante ».*** *Les acteurs clefs furent Alan Turing et sa machine en papier de 1936, John McCarthy, qui créa en 1958 le langage LISP, le premier langage pour manipuler des symboles – et donc des mots et des phrases et non des nombres ! – et le français Alain Colmerauer qui, en 1972, inventa le génial langage PROLOG – Programmer en Logique – le premier langage incorporant la notion d'information en tant que prédicat logique et de raisonnement automatique.*

S'ouvrit alors jusqu'au milieu des années 1990 l'ère des applications de l'intelligence artificielle dite symbolique (IAS).

Les langages comme Prolog et ses dérivés apportent une première révolution par rapport à la programmation classique, la programmation déclarative. Au lieu d'indiquer en détail à la machine quelles opérations elle doit exécuter les unes après les autres, on lui communique d'abord des connaissances dans un certain domaine (« les amis de mes amis sont mes amis » « l'eau bout à 100 degrés » « une maison est un bâtiment » « maison est un nom féminin singulier »). Un nouveau métier apparut : le cogniticien, ou ingénieur de la connaissance, capable d'accoucher un expert de ses connaissances et de les transcrire dans le langage déclaratif de l'IAS.

Puis on lui pose des problèmes : « Pierre est-il l'ami de Paul ? » « Quel est le verbe dans telle phrase ? » « Par où faire passer mes troupes pour rester en pays neutre ? ». ***Les systèmes de l'IAS combinent automatiquement les connaissances – ils raisonnent – pour trouver des solutions au problème.***

Les systèmes experts se situent dans le cadre de cette IAS. *L'ignorance et la légende urbaine prétendent que les systèmes experts des années 1980 et 1990 furent un échec. Il n'en est rien. Fondés sur un investissement intellectuel rigoureux des entreprises, ils permirent au contraire de traiter des problèmes complexes avec succès. Citons deux des plus grands systèmes experts développés dans le monde, par les équipes de Bull : le projet Sachem de conduite des hauts fourneaux de Arcelor Mittal, toujours en service, et le projet RAMSES de gestion de la sécurité des jeux olympiques de 1992 à Albertville. Mais, mobilisant la réflexion de meilleurs cerveaux des entreprises, ces applications coutaient cher, et étaient longues à mener. La grave crise économique du début des années 1990 porta un coup d'arrêt à ces projets souvent prestigieux, puis l'arrivée d'internet mobilisa les budgets et les ressources humaines.*

Plus rien ne se passe pendant presque vingt ans. Cependant, grâce à internet, les données de toutes sortes prolifèrent, en particulier les données multimédias. La loi de Moore continue à opérer et la puissance des machines augmente de manière quasi exponentielle.

En 2012, des « réseaux de neurones » pulvérisent les performances en reconnaissance d'image*, dans la continuité des travaux de Yoshua Bengio, Jeoffrey Hinton et du français Yann le Cun, qui travaillaient sur le sujet depuis le milieu des années 1980.* ***C'est l'aboutissement et le triomphe de cette seconde voie de l'IA, l'IA connexionniste*** *(ou IAC) qui avait démarré elle aussi dans les années 50, avec la notion de perceptron.*

L'IA connexionniste n'a rien à voir avec l'IA symbolique*. Là où un projet d'IAS commence par le recueil de connaissances métier permettant de résoudre un problème (comme « faut-il accorder un prêt à ce client ? »), le projet IAC commence par le recueil de données passées de dossier de prêts réels (données précises sur le client, le type de prêt, l'historique des remboursements). Seule une petite intervention manuelle va consister à donner à postériori une note (positive ou négative) au dossier. Fini le « jus de crâne » des systèmes experts.*

Ensuite on présente à la machine beaucoup de dossiers accompagnés de leur note. Peut-être des milliers, des dizaines de milliers. Et un algorithme – dit d'apprentissage – va construire automatiquement le réseau de neurones (que l'on peut voir comme une formule de calcul très compliquée), qui, au vu des chiffres d'un dossier, va produire la note appropriée. L'IAC n'a pas besoin de l'expertise d'un banquier transcrite dans un système expert d'IAS. Il faut juste savoir rassembler et annoter suffisamment de dossiers. La programmation déclarative de l'IAS nous avait épargné la couteuse programmation classique, ***l'IAC nous dispense du tout aussi couteux recueil de l'expertise métier. Elle met en boîte le passé et s'efforce de le reproduire par des techniques statistiques****.*

On n'a plus besoin de banquiers pour développer des services bancaires performants, il suffit de données passées et d'algorithmes. Et plus on a de données d'apprentissage, mieux le réseau de neurones sous-jacent apprend à ajuster, peaufiner sa décision finale. Un autre exemple souvent mis en avant est celui du diagnostic du cancer du sein à partir d'images médicales. On comprend l'engouement de beaucoup d'acteurs de l'économie et des activités humaines en général pour l'IAC : ***voilà une source inépuisable de progrès, de découvertes, de décisions optimales, d'économies, de profits.***

Mais la question de la transparence des algorithmes se pose.

Si un client demande à la banque pourquoi son dossier a été rejeté, qui va répondre ? Et répondre quoi ? Que son cas, comparé statistiquement à 150 000 autres, conduit statistiquement au rejet ? Et si le client dit : « mais moi je ne suis pas comme les autres, et d'abord au fait, que connaissez-vous de moi, et des autres, et comment avez-vous obtenu ces informations ? » Non seulement notre formule mathématique ne sait pas expliquer sa décision (tout au mieux il pourrait dire : « c'est parce que votre salaire multiplié par la racine carrée de la surface de la maison et divisé par le nombre de vos enfants de plus de 7,3 ans est inférieur à 0.437 »), mais en plus il est impossible de remonter à la source : les données des 150 000 dossiers qui ont conduit à établir la valeur des coefficients. C'est **l'effet « boite noire ».** *On parle alors aussi de biais : dans vos données de départ, y avait-il assez ou trop de femmes, de fonctionnaires, de célibataires ?*

Et des limites de l'IAC apparaissent, liées à ses conditions d'utilisation

Dans le domaine du traitement d'images, les « bourdes » de l'IAC prolifèrent *: tel réseau entrainé à reconnaître des photos de camions de pompiers dira au vu d'un tel engin retourné sur le dos qu'il s'agit d'une péniche. De fait, on ne sait pas ce que le réseau de neurones a appris, et on ne sait pas expliquer ses résultats. En pratique, on le validera par exemple si son résultat est supérieur de 5 % aux performances des experts humains. Et qui sera responsable en cas de catastrophe ?*

Par ailleurs **l'apprentissage automatique consomme beaucoup d'énergie***. Certains réseaux de neurones sont représentés par des formules de plusieurs milliards, voire milliers de milliards, de paramètres – chiffres impensables il y a seulement deux ans, et qui ne feront qu'augmenter – et dont l'ajustement a pu prendre des journées entières de calcul sur des machines comportant des dizaines de milliers de processeurs en parallèle.*

Enfin, en IAC, **tout repose sur la disponibilité de données volume pour faire converger les algorithmes statistiques. Ce qui est rarement le cas pour les problèmes un peu complexes***. Par exemple, nous n'avons pas à notre disposition des données sur des dizaines de milliers de jeux olympiques d'hiver…*

Beaucoup de travaux sont consacrés à lutter contre ces inconvénients de l'IAC, par exemple pour la faire tourner sur de petites machines, smartphones ou edge computing. Concernant l'explicabilité, une certaine hybridation avec l'IAS, dont la trace des étapes du raisonnement est par essence disponible, semble incontournable. Il faut ainsi redonner sa chance à l'IAS en revisitant ses principes avec les machines d'aujourd'hui, tout de même de l'ordre d'un milliard de fois plus puissantes à prix constant que celles d'il y a 30 ans. Un bon exemple qui **plaide pour l'hybridation IAS - IAC** *est celui de la conduite autonome des véhicules.* **Les approches essentiellement connexionnistes**

actuelles se heurtent au mur de la complexité du problème. *On ne voit guère comment se passer d'éléments de raisonnement symbolique.*

Il y a un **domaine où l'IAC excelle de plus en plus : c'est celui du calcul et de la simulation scientifiques** *– la conception assistée par ordinateur pour la mise au point d'avions, de médicaments. Les calculs de physique, à base d'équations aux dérivées partielles sont extrêmement longs – des jours – et couteux. L'idée est venue de faire apprendre leurs résultats par des réseaux de neurones, et ça fonctionne très bien : on peut diviser par 100 le temps de réponse, et donc étudier beaucoup plus de variantes de conception. Et là, on n'est plus dans l'humain : finis les problèmes d'explicabilité, de biais, on parle de mécanique des fluides... Dommage pour certains professionnels de l'éthique. Dans ce domaine les réseaux de neurones sont à l'aise, car ils retrouvent leur essence : les calculs mathématiques.*

Jean Rohmer,
docteur ès Sciences en Informatique, vice-président de l'Institut Fredrik R. Bull,
cofondateur de l'Association Française pour l'IA

Chapitre 5

Des jeux vidéo aux métavers : vers un monde virtuel ?

De tout temps, l'homme a cherché à explorer ou s'évader. Par le voyage et la découverte du monde, par la culture et l'art en général. Continuerons-nous à en avoir besoin dans le monde « physique » si demain tous nos besoins en la matière sont satisfaits « virtuellement » ?

Aujourd'hui, avec les **mondes virtuels**, nous est offerte une nouvelle manière d'explorer ou de s'évader mêlant à la fois "passivité" (comme au cinéma, où le réalisateur nous propose un monde que lui a imaginé et qu'il nous offre à voir, en nous faisant donc entrer assez "passivement" dans l'histoire, dans le sens où nous n'avons pas besoin de faire mentalement la démarche de nous représenter l'univers) et "activité" (comme en littérature où le lecteur est "actif" en transposant mentalement les mots en images et en créant ainsi l'univers avec pour chaque personne une projection mentale de l'histoire et de l'univers subjective).

Source Pixabay

Qu'est-ce qu'un monde virtuel ? Il s'agit d'un monde créé artificiellement (virtuellement) par un programme informatique, qui peut être en deux ou trois dimensions, réaliste ou non, avec ses propres règles, dans lequel les joueurs (ou visiteurs) peuvent interagir avec l'environnement et entre eux (on parlera là de multijoueur ou multi-utilisateurs).

Depuis les débuts de l'informatique, le développement successif de nombreux jeux vidéo a suivi cette évolution : progressivement, les « mondes » qu'ils proposaient, assez restreints et linéaires au départ, sont devenus de plus en plus immenses et quasi illimités (notamment avec le « quantic game », c'est-à-dire la création d'une histoire singulière à chaque scénario via la prise en compte de décisions multiples).

Dans le même temps, **les modes de jeu et d'interaction « homme-machine » ont largement évolué**.

D'une part, grâce aux contrôleurs (bouton, joystick, manette, clavier, souris) qui ont largement élargi le champ d'actions possibles. D'autre part, de nombreuses nouvelles façons de percevoir ces univers sont apparues : vue à la première personne (le joueur voit l'univers comme s'il était à l'intérieur avec ses propres yeux) ; vue à la troisième personne ou vue objective (vue permettant de voir son personnage ou avatar de l'extérieur) ; vues isométrique (vue en perspective 3D) ; cartes pour se situer dans l'univers, etc.

De nouvelles formes de retours ont également vu le jour au fil du temps (vision 3D, tactile, sièges, volants, manettes, combinaisons haptiques avec vibrations, palettes et freins, détection de mouvement avec les périphériques comme la caméra notamment, etc.).

On peut citer d'autres technologies innovantes, comme la possibilité pour des personnes handicapées moteur de jouer d'un instrument de musique sans manipuler celui-ci. Mieux encore, l'ajout du sensoriel va jusqu'à transcender les sens (voir le bruit, entendre une couleur etc.) ou bien encore ce qu'on appelle « emotionnal adaptive experience », qui permet de vivre une expérience avec une interaction homme-machine hyperpersonnalisée selon l'état émotionnel de la personne qui joue. **De quoi effacer doucement, mais sûrement la frontière entre virtuel et réel…**

Enfin, dans les **univers multijoueurs** la possibilité de se parler dans le jeu entre les joueurs permet des interactions et prises de décision en direct. Plus les interactions sont possibles, directes et nombreuses, cumulées au réalisme ou l'immersivité de l'environnement, plus le joueur est plongé avec ses partenaires dans une « nouvelle réalité ».

Le secteur du jeu vidéo est en croissance continue depuis son origine. À partir des années 2000, son chiffre d'affaires dépasse celui d'Hollywood et des majors de la musique.

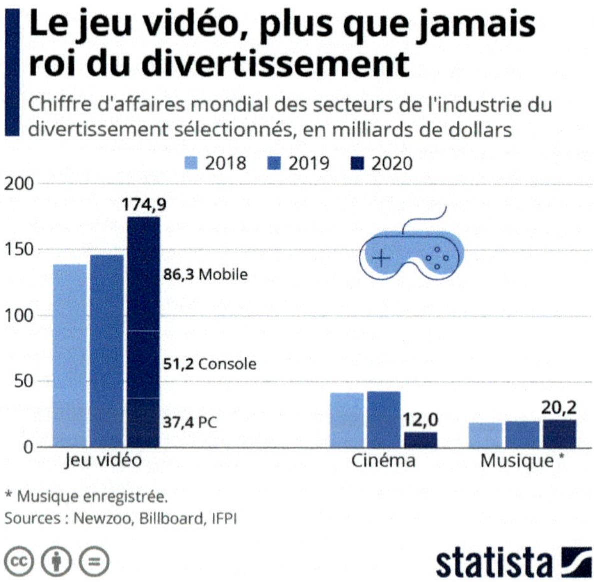

Après les jeux massivement multijoueurs (MMORPG) où des multitudes de joueurs peuvent jouer entre eux (World of Warcraft, Starwars Galaxies, Eve online), nous allons passer à un (ou des univers) globaux appelés métavers. Les investissements des géants d'internet et du jeu sont en ce moment gigantesques sur le sujet, notamment Facebook avec Horizon ou Epic Games pour Fortnite pour ne citer qu'eux. Avec **l'annonce en octobre 2021 du changement du nom du groupe Facebook en Meta, les projecteurs médiatiques ont été braqués sur « LE metaverse »** (un peu comme s'il n'y en avait qu'un…)**.** Pour Mark Zuckerberg, le fondateur du groupe, celui-ci représente la prochaine révolution des relations sociales !

De nombreux experts le considèrent comme le successeur de l'internet actuel, rien de moins. Des mondes virtuels 3D immersifs, issus des jeux vidéo, rencontrent les réseaux sociaux, les espaces collaboratifs, les places de marché et le e-commerce.

L'idée de métavers repose sur **deux mots-clés : la décentralisation et l'immersion**.

Pour ce qui est de la décentralisation, c'est la blockchain qui est au cœur de cette révolution. Les acteurs ne sont plus dépendants d'un serveur central, mais sont tous directement reliés entre eux, par cette fameuse chaîne de blocs qui assure l'intégrité des données, la traçabilité des informations et donc la transparence et la sécurité par la validation collective des blocs. C'est sur cette blockchain que reposent les fameuses cryptomonnaies et les « tokens » (« jetons » en français), fongibles ou non.

En ce qui concerne l'immersion, il s'agit de se transposer, le plus souvent à distance, dans l'univers d'une marque ou d'une activité. Cela s'appuie sur deux technologies en plein essor : la réalité augmentée (« AR » en anglais, elle enrichit le réel avec des éléments virtuels comme une lentille à travers laquelle on regarde une version « augmentée » de la réalité, avec des informations en surimpression, jusqu'à des objets 3D imaginaires qui viennent s'intégrer dans une pièce) et la réalité virtuelle (« VR » en anglais, qui nous plonge dans un univers en 3D, au moyen d'un casque et de capteurs de mouvements qui vont nous faire « vivre » dans cet univers)[1].

1. Réalité virtuelle : avec un casque sur la tête, il est possible d'expérimenter une ascension de l'Everest ou une session de surf à Tahiti comme de visiter un appartement ou d'assister à un spectacle

Le mot ne date pas d'hier (en fait presque…) : il vient de « l'**antiquité numérique** ». Le premier à l'utiliser est l'écrivain Neal Stephenson en 1992 dans son roman "Snow Crash", pour décrire un monde parallèle accessible par un casque. Dans ce monde, grâce à notre avatar, nous pouvons nous mouvoir et interagir avec des objets et l'environnement alentour.

Il a ensuite été réimaginé sous le nom d'Oasis dans le roman d'Ernest Cline "Ready Player One", dont Steven Spielberg fait un film en 2018. Le jeune Wade Watts devient lui-même le héros d'un monde numérique parallèle grâce à un casque numérique.

(Second life naît en 2003, le « jeu » Roblox en 2004.)

Qu'est-ce qu'un métavers ? **« Métavers » est un mot-valise, contraction de « méta »** (préfixe grec qui signifie « après », « au-delà de ») **et « univers »** c'est-à-dire un méta-univers : c'est un réseau d'environnements virtuels dans lequel de nombreuses personnes peuvent interagir entre elles et avec des objets numériques tout en s'y « déplaçant » grâce à des représentations virtuelles – ou avatars – d'elles-mêmes.

Imaginez un univers virtuel global dans lequel vous pourriez quasiment tout faire : participer à un concert, aller à une exposition de tableaux, visiter un musée, jouer avec vos amis, explorer des mondes et des environnements qui pourraient être ceux d'entreprises également, échanger avec des personnes du monde entier, partager des balades, aller faire du shopping dans des boutiques, acheter ou vendre des produits, avec des cryptomonnaies ou monnaies virtuelles… Et tout cela avec votre avatar, une transposition de vous que vous choisirez et personnaliserez dans cet univers[1].

Ces métavers sont aujourd'hui en partie réalité. Une économie parallèle s'est même créée dans ces univers où l'on achète déjà ce que l'on nomme les **NFT** (« Non Fongible Tokken », soit « Jetons non fongibles » en français) ou plus simplement des actifs numériques

1. Une merveilleuse illustration de ce que vont être les métavers se trouve dans le film remarquable de Steven Spielberg : « Ready Player One ».

que l'on peut posséder et utiliser dans ces univers. Selon un article de Gamekult de mai 2021, Fortnite (jeu multijoueurs en ligne gratuit), fort de ses 350 millions de joueurs, génère environ 5 milliards de dollars de ventes d'objets numériques chaque année[1]. En 2021, 1 milliard de dollars a été levé par son concepteur Epic Games pour créer un metaverse (dont 200 millions de Sony Group Corporation). Et en 2022 Sony et Lego ont rajouté un milliard de plus sur la dernière levée de fonds.

De nombreux autres métavers liés aux cryptomonnaies comme Decentraland, Somnium, The Sandbox, Cryptovoxel ou plus récemment Matrix World pour ne citer qu'eux vendent des terrains virtuels (qui ont leur valeur propre en cryptomonnaie et font l'objet de spéculation comme dans le monde réel) dans lesquels les propriétaires vendent des NFT.

Ce secteur en pleine évolution n'en est qu'à ses balbutiements et les plus gros acteurs (GAFAM, BATX notamment) sont en train de développer leurs solutions, avec des visions parfois très différentes de celles des précurseurs et surtout en étant capable de mobiliser des moyens financiers impressionnants. On ne peut donc pas exclure de voir les cartes du marché largement rebattues à relativement court terme.

La première école dédiée au métavers a déjà ouvert ses portes en France…[2]

Dans les mondes virtuels, comme dans les métavers, vous êtes plongés dans un univers que l'on vous propose et que vous n'avez pas à imaginer, mais… dans lequel vous êtes actif. Vous devenez le "héros" de l'histoire. D'autant plus que dans ces mondes, vous avez la possibilité de construire une partie de l'univers !

---

1. Et le plus intéressant, c'est que ces achats ne servent pas à être plus forts ou procurer des avantages dans le jeu : les joueurs achètent des « skins » (des tenues) ou des accessoires uniquement pour soigner l'apparence de leur avatar (leur personnage dans le jeu), pour qu'il soit « stylé » et valorisent sa personnalité. https://www.gamekult.com/actualite/avec-fortnite-epic-games-a-genere-plus-de-5-milliards-de-dollars-en-2020-3050838609.html
2. https://start.lesechos.fr/apprendre/universites-ecoles/la-premiere-ecole-exclusivement-dediee-au-metaverse-ouvre-ses-portes-a-paris-1392896

Ces évolutions peuvent être vues comme une révolution, car en nous plongeant en **immersion totale** dans ces mondes parallèles, « plus vrais que nature », nous nous retrouvons dans une « nouvelle réalité » que nous contribuons à construire : **nouveaux mondes, nouveaux univers, nouveau soi** (l'avatar choisi peut nous ressembler en tous points comme il peut être radicalement différent de qui nous sommes dans le monde réel : à chacun de décider) ; **nouvelles communautés** (nous parlons et interagissons avec des avatars que nous ne connaissons pas forcément dans le monde réel) ; **nouvelle vie** (dans ce monde virtuel, nous pourrons posséder une maison, des vêtements, des objets).

Via ces avatars, sortes d'extension de nos identités numériques actuelles, **les limites de perception entre le soi réel et le soi virtuel seront encore davantage brouillées via la sensation « d'incarnation » ressentie**. Cette sensation est bien plus qu'une extrapolation de soi, mais bien un lien cognitif en termes de ressenti à soi, et également dans l'interaction à l'autre. Le cerveau ne faisant plus la différence, nous serons véritablement « immergés » dans une réalité virtuelle.

Reste néanmoins une limite technique que l'on nomme « **la vallée de l'étrange** » *(Uncanny Valley)*. Cette notion, inventée dans les années 1970 par le roboticien Masahiro Mori, désigne la sensation d'angoisse et de malaise que l'on ressent quand on interagit avec des avatars ou robots humanoïdes avec un fort degré de ressemblance anthropomorphique, se rapprochant fortement de la représentation humaine, mais sans y parvenir totalement (comme si ces derniers n'étaient finalement que des automates sans réelle vie intérieure). En outre, près de 40 % des utilisateurs seraient atteint de cinétose, malaise lié à la navigation dans le virtuel.

Perspective fantastique et enthousiasmante pour certains, perte de repères ou folie pour d'autres, **ces mondes vont-ils envahir nos vies et vivrons-nous demain de plus en plus dans des univers numériques parallèles ?** N'y aura-t-il partout que des « doubles numériques » (doublure numérique d'un lieu ou une personne, très utilisé dans l'industrie du cinéma) ou « jumeaux numériques » (lieux réels que l'on reproduit dans un univers virtuel) ?

Les psychologues seront sans doute très largement mobilisés pour aider les adeptes de ces mondes virtuels à trouver un équilibre entre tous ces mondes et la conscience du monde réel. Notons au passage qu'internet nous a déjà initié en partie à cela avec les réseaux sociaux, les chats, l'achat en ligne, etc. Et même si l'usage du numérique n'est pas toujours raisonné, avec des phénomènes d'addiction au téléphone portable, à l'ordinateur, à la télévision ou à la console, il apporte incontestablement des perspectives nouvelles et une nouvelle vision du monde. C'est en cela que c'est une révolution.

LA question qui se pose (et à laquelle nous n'apportons aucune réponse) est donc : « Aurons-nous tous demain des lunettes (ou des lentilles) de réalité augmentée ? » De nombreux modèles existent déjà. Même si Google a fait marche arrière avec des Google Glass (prix trop élevé, design sans doute trop « futuriste », faible nombre d'applications disponibles et peur d'une perte d'anonymat totale), les perspectives (comme d'ailleurs les investissements mondiaux dans le domaine) sont immenses. Les prochains mois apporteront de plus en plus de réponses. D'après des rumeurs persistantes, un casque AR/VR d'Apple serait entré en production pour une sortie fin 2022 ou début 2023[1]. Quand on connait l'impact de certains nouveaux produits d'Apple (iPhone, AirPods, Apple Watch, etc.), nous pouvons nous attendre à une démocratisation de ce type de produit. Selon Tim Cook, le directeur général d'Apple, cette technologie va « imprégner nos vies entières » et cette révolution sera comparable à celle des smartphones.

---

1. https://iphonesoft.fr/2022/02/22/casque-ar-vr-apple-entrerait-production-septembre-2022

Chapitre 6

De l'homme réparé à l'homme augmenté : vers le « Transhumanisme » et la « Singularité » ? (Daniel Loisance)

L'homme réparé

Pratiquement toutes les maladies qui compromettent la qualité et la durée de la vie sont curables avec plus ou moins de succès grâce à une vaste palette de solutions : des traitements médicamenteux jusqu'à des gestes chirurgicaux, à des manipulations biologiques, à l'implantation de cellules souches permettant la régénération des organes, à l'implantation de dispositifs médicaux implantables dans le but d'assister ou de se substituer à une fonction défaillante. De nombreux exemples peuvent être cités.

L'appareil locomoteur tout d'abord. On est ainsi passé progressivement **de la canne au déambulateur puis à l'exosquelette**, transformant la vie des personnes handicapées moteurs.

Dans le domaine des **fonctions sensorielles, le passage du cornet acoustique à l'appareil auditif puis à un implant cochléaire** a transformé la vie des personnes souffrant de divers déficits auditifs. Les malvoyants bénéficient depuis des siècles des lunettes qui permettent de corriger un trouble de la vision. Aujourd'hui, ils peuvent bénéficier de **l'implantation d'une rétine artificielle**, un petit implant de 3 millimètres de côté sur lequel sont déposées les électrodes, placées à la surface ou sous la rétine, qui envoient au nerf optique et au cortex cérébral l'information normalement donnée par la cellule rétinienne.

Toutes les fonctions d'organe, le cœur, les poumons, le foie, le rein, le pancréas sont aujourd'hui accessibles à des interventions de réparation ou de remplacement. À titre d'exemple on évoquera les progrès réalisés en cardiologie avec la possibilité actuelle de réparer toutes les anomalies structurales du cœur comme les valves, les cloisons, les parois, les vaisseaux nourriciers que sont les artères coronaires. Il est stupéfiant de réaliser qu'aujourd'hui un patient malade des coronaires ne mourra pas de son cœur, mais d'un cancer ou d'une maladie d'Alzheimer ! Lorsque que l'insuffisance fonctionnelle est majeure, le remplacement du cœur peut être réalisé par la transplantation d'un cœur sain prélevé chez un sujet en état de mort cérébrale ou par l'implantation d'un dispositif mécanique qui prend en charge la fonction ventriculaire. Il est enfin possible aujourd'hui d'espérer la récupération d'un cœur fatigué par la mise au repos du ventricule lors d'une assistance circulatoire. Après quelques semaines ou mois, la récupération d'une fonction autonome satisfaisante autorisera le sevrage de l'assistance et la reprise d'une vie satisfaisante. Cette observation, inenvisageable il y a encore quelques années, d'un potentiel de récupération du muscle cardiaque jusque-là insoupçonné ouvre naturellement dans le choix des stratégies de réparation des perspectives nouvelles particulièrement intéressantes. Le chirurgien cardiaque se voit en démiurge.

Des progrès voisins à ceux réalisés dans le domaine de la cardiologie peuvent être décrits au niveau du foie, du poumon, du rein, du pancréas. L'enthousiasme des chirurgiens est sans limite, ce qui conduit parfois des problèmes éthiques difficiles.

Un bon exemple de ce que l'on peut appeler une **dérive est constitué par l'anastomose céphalo somatique, soit la transplantation complète de la tête d'un patient souffrant de quadriplégie sur le**

corps de sujet mort cérébral décapité. Cette intervention qui a pour but de redonner toute liberté de mouvement à un sujet dont la fonction cérébrale est intacte a été réalisée pour la première fois à Harbin en Chine par l'équipe du professeur Ren. Un chirurgien italien Sergio Canavero pilote un programme de recherche extrêmement ambitieux intitulé Heaven dans le but de régler tous les problèmes posés par la réalisation de l'intervention en clinique humaine : la préservation de la fonction cérébrale lors de l'interruption de la circulation et la reconnexion médullaire. Cette intervention incroyable au premier abord apporterait une bonne solution au sujet quadriplégique au décours[1] d'un accident médullaire ou souffrant d'une sclérose latéral amyotrophique. Un patient russe présentant ce type de problème a déjà fait savoir qu'il était volontaire.

Il est évident que les problèmes éthiques posés par cette médecine des « pièces détachées » sont considérables. À qui appartiennent les organes après la mort cérébrale ? Faut-il demander l'autorisation de les prélever pour sauver un malade en attente de greffe ? Faut-il investir des centaines de milliers d'euros pour une prothèse cardiaque qui prolongera une seule vie de quelques mois, quand cet argent pourrait être fléché sur la prévention de l'insuffisance cardiaque ? Comment choisir les bénéficiaires de ces nouveaux traitements ? Sur quels critères ? L'âge, le compte en banque, la valeur sociale du sujet ?

Deux domaines paraissent poser des problèmes encore plus délicats : la médecine de la reproduction et les neurosciences.

Initialement, la médecine de la reproduction avait pour objectif d'aider le couple qui ne pouvait avoir d'enfants dans des conditions naturelles. Les techniques de procréation assistée, fécondation in vitro, banques de sperme et d'ovocytes ou les greffes d'utérus permettent des maternités jusque-là impossibles. Mais nous sommes déjà au stade d'après : la grossesse pour autrui, ce que certains nomment péjorativement la marchandisation d'un corps de femme.

---

1. Le décours est la période décroissante d'une maladie, d'un mal, d'un état anormal.

Où s'arrête la médecine de l'Homme réparé ? Où commence celle de l'Homme augmenté ? Et nous verrons plus tard ce que permet le séquençage du génome humain et les techniques d'engineering génétique : l'élimination des mauvais embryons, le choix de bons embryons, la création d'embryons artificiels.

La connaissance de la fonction cérébrale est, malgré des progrès certains, encore très grossière. Les mécanismes intimes de la motricité, de la sensibilité et de ses divers types, de la ou des diverses mémoires, de la douleur, du bonheur… restent très mystérieux. Les progrès spectaculaires de l'imagerie fonctionnelle du cerveau permettent d'envisager la réparation des lésions cérébrales. Le tremblement peut être supprimé au stade précoce de la maladie de Parkinson par la stimulation de certaines aires cérébrales. La chirurgie d'exérèse d'une tumeur cérébrale peut être guidée par le patient lui-même, lors d'une intervention chez le sujet maintenu éveillé. Enfin, il est admis aujourd'hui que le cerveau bénéficie d'une formidable neuroplasticité qui peut corriger des déficits dus à la maladie ou à des accidents. Le potentiel de récupération de la fonction neurologique est corrigé par un formidable potentiel d'adaptation lorsqu'une aire cérébrale est détruite. Il est certain que la convergence NBIC apportera des connaissances et des possibilités de réparation encore insoupçonnées aujourd'hui.

Finalement, cette complémentarité de procédures de diagnostic et des progrès extraordinaires de l'imagerie et de traitement dans de nombreux domaines a permis des progrès considérables. On en arrive au point où une question de fond se pose : ce qui est faisable est-il souhaitable ? Le refus de la maladie, la peur de la douleur, la peur de la mort constituent-ils une raison suffisante pour recourir à des traitements complexes ? Dans cette discussion, difficile, la prise en compte des particularités individuelles est essentielle et la décision finale sera la conséquence d'une confrontation parfaitement franche et libre entre le patient et son thérapeute, d'une prise en compte des considérations d'ordre individuel, mais également de considération tenant à l'environnement familial et social. Dans tous les cas, le dernier mot devrait revenir, avec l'aide du médecin, au patient lui-même et à lui seul.

L'homme augmenté

Le passage de l'Homme réparé à l'Homme augmenté se fait insensiblement. Il a déjà commencé et il est bien difficile, aujourd'hui, de dire où cette évolution va s'arrêter.

Prenons quelques exemples dans la vie de tous les jours. Le téléphone portable ou le smartphone que chacun possède aujourd'hui dès son plus jeune âge donne accès une mémoire illimitée par la connexion rapide à des bases de données considérables. La connexion aux médias sociaux confère à l'individu une forme d'ubiquité. Les connexions Skype, Teams ou Zoom autorisent des réunions de personnes disséminées sur toute la planète. Grâce à son smartphone, un sujet est connecté au monde entier, à des sources d'information illimitées.

La vie de tous les jours est également modifiée. Des logiciels comme Dragon bouleversent le travail du chercheur et de l'écrivain. La correction de fautes d'orthographe et de grammaire ou la traduction immédiate sont autant d'applications très appréciées. Bien sûr Siri ne remplace pas la jouissance physique de l'écriture avec un beau stylo. Le stade d'après sur lequel les chercheurs des « géants de la tech » travaillent est le transfert dans les aires de la mémoire d'un livre entier, stocké sur une clef USB.

L'utilisation de ces systèmes sophistiqués, qui facilitent considérablement l'accès à l'information et la communication, n'est pas sans inconvénient : il est aujourd'hui démontré que la mémoire d'un chauffeur de taxi londonien a diminué depuis l'utilisation du GPS. Surtout se posent les questions de l'accès à ces immenses bases de données et de leur protection. L'expérience montre déjà le développement de la publicité ciblée, mais que se passera-t-il quand le génome d'un individu pourra être hacké ?

À un stade de développement supplémentaire, tout à fait spectaculaire, on peut citer le programme de recherche conduit par Elon Musk dans la société créée à cet effet, Neuralink. **L'implantation dans le cerveau d'un capteur** constitué de fil souple de 4 micromètres de diamètre (plus fins qu'un cheveu) porteurs de 32 microélectrodes envoyant des signaux par Bluetooth ou une connexion USB-C vers un ordinateur permettent à un singe d'apprendre à jouer au Pong, le premier jeu vidéo mis au point dans les années 70.

Cette première expérience montre que le dialogue entre le neurone naturel et la machine, qui autorisera un paraplégique à marcher ou l'écriture directe de la pensée sur le papier, sera possible à une échéance probablement courte. Le professeur Benabid à Grenoble, avec l'aide du CEA, a ainsi très récemment montré qu'un sujet quadriplégique pouvait marcher lorsqu'il était placé dans un exosquelette et que les électrodes implantées dans son cerveau relié à un ordinateur détectaient le souhait de marcher. **Insidieusement, l'idée d'un cerveau augmenté, connecté à un robot, devient une réalité.**

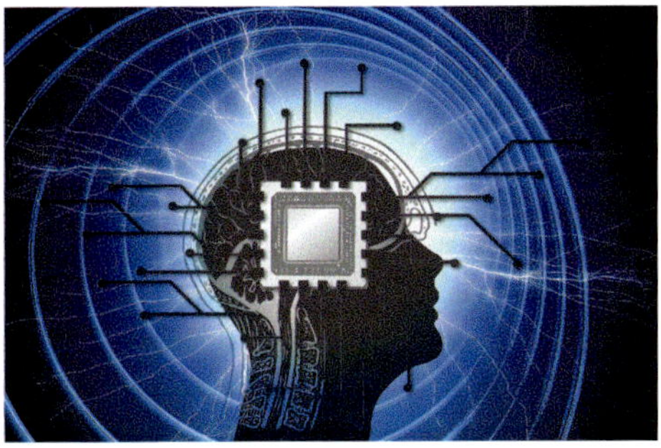

Source Pixabay

Nous l'avons déjà évoqué : la génomique et la chirurgie du gène sont déjà très avancées. L'analyse précise du génome humain nécessitait il y a peu de temps plusieurs jours, à un coût considérable. Aujourd'hui elle est réalisée en quelques minutes pour un prix ridicule. **Cette étude du génome permet le développement de la médecine prédictive.** À la naissance, et même avant la naissance du fœtus, il est en effet possible d'identifier le risque de maladies graves : le gène BRCA1 qui augmente le risque de cancer du sein, le gène LRRK2, qui augmente le risque de maladie de Parkinson. Que faut-il faire ce cette information ? Faut-il aller jusqu'à la mastectomie bilatérale à l'âge de 37 ans comme l'a fait

Angelina Jolie ? Sachant que l'expression du gène anormal n'est pas inéluctable !

La chirurgie du gène est devenue une réalité : utilisant un enzyme, il est possible de supprimer, de remplacer, de changer l'ordre de l'une ou plusieurs des quatre lettres qui constituent la carte d'identité d'un gène, à un endroit précis de la séquence. Cette technique CRISPR-Cas9[1] permet ainsi une addition corrective (supprimer le gène responsable de la maladie) ou une addition améliorative (le nouveau gène pourra être retranscrit dans l'ARN responsable de la synthèse de la protéine que l'on souhaite voir apparaitre). Cette chirurgie du gène pose des problèmes pratiques et des questions éthiques difficiles. Pratique, car elle ne peut être réalisée sur l'embryon qui a permis le diagnostic, mais sur un autre embryon, qui éventuellement est sain. Éthique, car si la modification du gène est techniquement faisable, le risque de voir apparaitre la maladie étant connu, il faut questionner la société si le « traitement » est acceptable par elle.

Mais l'interventionnisme génétique est en cours. **Le séquençage de l'ADN, dont on a vu l'intérêt dans le diagnostic anténatal de graves anomalies, risque de conduire par un passage insensible, lorsqu'il est couplé à des techniques de thérapie génique, à un eugénisme assumé.** Le tri des mauvais embryons permettant la suppression de – et limité à – ceux présentant une maladie grave, déjà réalisé et admis (90 % des fœtus trisomiques ne naissent plus), a permis le passage au choix de bons embryons dans l'espoir d'une descendance conforme à des vœux particuliers (couleur de peau, couleur des yeux, quotient intellectuel). Cette demande permet au service de génomique humaine du professeur Peskof de Kharkiv

1. CRISPR (acronyme de Clustered Regularly Interspaced Short Palindromic Repeats, soit en français courtes répétitions en palindrome regroupées et régulièrement espacées) désigne un ensemble de molécules qui permettent de modifier l'ADN de plantes et d'animaux avec une grande précision. https://www.futura-sciences.com/sante/definitions/genetique-crispr-14962/

en Ukraine un business juteux. Le service « offert » est de qualité puisque même la nationalité de l'enfant à naitre peut-être choisie !

Le stade suivant est la modification du génome des cellules germinales. Si elle vient à être autorisée (un moratoire accepté par tous l'interdit actuellement), la voie d'une transformation durable de l'espèce sera ouverte. Un chercheur chinois, He (à Shenzen), a réalisé la première intervention de ce type : il a modifié le génome d'embryons pour rendre le sujet résistant au virus VIH. Des jumelles sont nées et He réfléchit en prison sur l'impact de sa première.

Dans le domaine des neurosciences, la solution au problème de l'interface neurone-silicium ouvrira un champ immense d'applications. Il est même possible d'imaginer un stade de développement où les techniques informatiques seront plus performantes que le neurone. Ce point de « singularité » franchi, on voit mal comment ne pas aller vers un ordinateur qui pilotera les grandes fonctions naturelles. **L'hyperhumain, le transhumain ou le cyborg sera alors le « maître du monde ».**

Délire ou fantasme de scientifique ? *Peut-être.* Mais sûrement, les tenants de ces technologies, les GAFAMS (Google, Apple, Facebook, Amazon, Microsoft, SpaceX-Tesla) et les BATXH (Baidu, Alibaba, Tencent, Xiami, Huawei) s'investissent déjà dans de jeunes « start-up » très focalisées sur tel ou tel aspect des problèmes à régler. Leur puissance de feu est impressionnante : les capitalisations boursières de ces sociétés dépassent le budget des principaux pays développés. Les conséquences politiques de ces évolutions sont tout à fait considérables : il suffit de voir l'évolution du marché de la distribution et des techniques de marketing pour être convaincu de l'impact de ces maitres de l'univers sur l'organisation et la vie politique du monde.

L'approche transversale et la convergence des nouvelles technologies NBIC transforment les métiers. Le médecin augmenté bénéficie déjà, à tous les stades de sa démarche avec un patient, de ces progrès issus de la convergence NBIC : au stade du diagnostic, avec l'accès à des bases de données énormes qui ont permis grâce à l'intelligence artificielle la production de diagnostics probables, à partir des données de l'interrogatoire, de l'examen visuel de la peau ou de tout type d'imagerie (radiologique, scanner, IRM, ultrasons), à la reconstruction 3D ou à l'impression additive… ; au stade de la décision thérapeutique et du suivi du patient.

Les difficultés de mise en œuvre sont parfois considérables : l'accès à ces innovations technologiques impose une formation et une culture scientifique ainsi qu'une démarche proactive du médecin qu'il ne possède pas forcément. En revanche, il existe un bénéfice énorme : le temps libéré par les facilités offertes dégage un temps précieux et permet d'engager une vraie relation humaine avec le patient, lui faire comprendre sa maladie, discuter les diverses options thérapeutiques, répondre à toutes les attentes. Cette évolution des comportements ne va pas sans difficulté : quel patient ne se plaint-il pas déjà de son médecin qui « ne l'a pas regardé » ou qui « avait les yeux rivés sur l'écran de son ordinateur » ?

Les administrations également sont confrontées à une impérieuse nécessité de changer de comportement : une base de données ne leur appartient plus, et gagne en valeur si elle est partagée. La politique des silos inviolables est incompatible avec l'exploitation des données par l'intelligence artificielle. De nouveau, la tension éthique apparaît : comment protéger l'intimité des individus et éviter les dérives ?

Le chirurgien lui-même, qui pouvait se croire inégalable, voit son métier changer. Avant l'intervention, il peut imaginer et répéter son intervention sur un écran en vision 3D ou sur un hologramme. En cours d'intervention, il a immédiatement accès dans son champs visuel à des informations sur le métabolisme et la texture des tissus. Son geste est analysé avec la plus grande précision, ce qui permet d'évaluer sa dextérité, de le comparer à des standards obtenus par l'analyse de millions de gestes identiques. Le geste enfin peut être assisté par un ordinateur : plus de précision peut-être, mais sûrement plus de liberté des mouvements, une acquisition de la maitrise du geste quasi intuitive, et surtout la possibilité de réaliser le geste sans ouverture de la paroi. Soyons clairs : cette chirurgie assistée par l'ordinateur n'est pas de la chirurgie robotique. C'est encore le chirurgien qui opère ! La main du chirurgien est une main intelligente et ce couple cerveau/main ne sera reproductible que lorsque les progrès des neurosciences permettront à une armée de neurones en silicium d'être plus performante qu'un cerveau humain.

En conclusion, Homme réparé, Homme augmenté, il est clair que la frontière entre ces deux notions est poreuse. Pour le patient, dans les deux cas, une même attente : la solution à un problème, sans frais, sans douleur, sans fatigue et sans délai. Une confiance totale sinon aveugle quand cette confiance a rencontré une conscience, celle d'un médecin conscient de sa responsabilité qui accepte de s'investir dans le soin à autrui. Il est aujourd'hui de sa responsabilité de ne pas faire naitre un espoir déraisonnable, ou de rétablir la vérité des possibles quand la communication grand public ou les campagnes d'information des sociétés industrielles impliquées ont exagéré les performances des nouvelles technologies : vendre le rajeunissement ou la récupération d'une fonction défaillante par injections de cellules souches, de cellules toti – ou pluripotentes, promettre à un para ou quadriplégique qu'il pourra remarcher après injections dans la moelle, le pontage des artères coronaires par robot, le cœur artificiel que l'on oublie est en réalité parfaitement criminel. Le bon sens populaire sait heureusement que ce n'est pas en la répétant sans cesse qu'une contrevérité devient vérité.

Homme augmenté, surhumain ou hyperhumain ou cyborg ? Une évolution inéluctable ? Le même bon sens populaire, qui permet d'apprécier à leur juste valeur les progrès issus de la convergence NBIC, permet d'espérer que les prédictions de Schwab et Kurzweil, ou d'Elon Musk avec Neuralink, ne se concrétiseront pas. Ces prédictions ont cependant un avantage considérable : elles permettent de rêver, de fantasmer sans limite, en pensant aux petits robots surhumains partis coloniser l'univers. La mort de la mort n'est pas pour demain, contrairement à ce que prétend avec brio un futurologue ex-chirurgien urologue qui n'a jamais pratiqué la médecine, mais qui a su surfer avec un succès remarquable sur la vague du transhumanisme. La mort vivra, car c'est bien elle qui donne un sens à la vie.

Chapitre 7

Des limites de la recherche scientifique et de la difficulté à s'accorder sur une éthique et des règles mondiales partagées

La science peut être vue comme une marche du Progrès (avec un grand P). Mais un progrès qui peut heurter les tenants d'une forme d'inertie sociale, politique ou religieuse. On ne connaît que trop bien les cas où des religions ou gouvernants ont amené les scientifiques à taire ou à minorer leurs découvertes. Ce fut le cas pour Galilée ou, dans une moindre mesure, pour Darwin (qui a gardé secret ses travaux sur l'évolution pendant de longues années avant d'oser les publier). Ces réactions n'étaient pas inhérentes aux limites de la recherche scientifique, mais plutôt d'ordre idéologique ou religieux.

La question des limites à donner à la science est en fait très contemporaine. Et cela pour deux raisons majeures : la première est qu'après la Seconde Guerre mondiale et les dévastations des bombes atomiques de Hiroshima et Nagasaki, **l'Humanité a pris conscience que la science était capable de produire des découvertes qui pouvaient la détruire**. Plus récemment, avec l'augmentation de la population et l'utilisation massive, comme nous ne l'avons jamais connu dans l'Histoire, de technologies produisant directement ou indirectement du CO_2, elle s'est inquiétée des **conséquences écologiques induites par ces progrès technologiques et leur utilisation**. Cela génère aujourd'hui des inquiétudes majeures.

Comment avoir une réflexion rationnelle sur ces technologies, conséquences de la recherche scientifique ? Comme le dit Paul Valéry, si « L'homme sait assez souvent ce qu'il fait, il ne sait jamais ce que fait ce qu'il fait. » C'est la raison pour laquelle les débats scientifiques sont souvent extrêmement tendus, car nous ne savons jamais où la recherche scientifique nous mène.

C'est ainsi qu'est apparu le « **principe de précaution** »[1]. Lors de la Conférence des Nations Unies sur l'environnement et le développement de 1992 à Rio (« Sommet de la Terre ») le principe a été formulé ainsi : « *En cas de risque de dommages graves ou irréversibles, l'absence de certitude scientifique absolue ne doit pas servir de prétexte pour remettre à plus tard l'adoption de mesures effectives visant à prévenir la dégradation de l'environnement* ».

Photo de Davi Mendes sur Unsplash

Ce principe a été mis en œuvre en France à la suite du traumatisme de différentes affaires comme celle du sang contaminé (1991), ou de la crise de la vache folle ou encore face au développement d'organismes génétiquement modifiés (OGM). Face aux risques juridiques, des politiques, souvent bien plus que les scientifiques eux-mêmes, ont été conduits à mettre en œuvre avec zèle ce principe de précaution.

En soi, se protéger des risques est normal. Et une grande partie du

1. Voir le livre de Gérald Bronner et Étienne Géhin : « L'inquiétant principe de précaution » (PUF, 2010)

monde a érigé ce principe en modèle. Mais posons-nous la question des risques éventuels de l'application trop fréquente de cette règle. Le précautionnisme ne pourrait-il pas conduire à l'immobilisme, à ne plus rien faire ou chercher, de peur d'un risque ? Poussons avec malice la réflexion : ne devrions-nous pas appliquer le principe de précaution au principe de précaution ? La question que nous pouvons nous poser à ce stade serait : **est-ce que la science a en elle l'ADN du principe de précaution ? Ou, à l'inverse, la démarche scientifique ne serait-elle par définition prise de risque ?**

Face à cette question, les débats sont très souvent conflictuels entre les « pro » et les « anti ». En partie au niveau de la communauté scientifique, mais surtout au niveau des individus.

Dans sa conférence sur le « halo symbolique » des nouvelles technologies (nanos ou quantiques) à l'université de Strasbourg, Étienne Klein[1] dresse un constat passionnant de ces problématiques. Il évoque notamment le développement de **l'ultracrépidarianisme** (fait de parler et de donner un avis sur des sujets pour lesquels nous n'avons pas de compétences avérées), manifeste lors de la crise du COVID-19, particulièrement sur les réseaux sociaux, mais aussi dans les médias traditionnels. Celui-ci génère des débats qui n'ont pas de vrais fondements scientifiques et qui sont plus de l'ordre de la croyance ou de la démarche partisane ou politique.

Il existe un biais cognitif important chez tous les individus : celui de vouloir conforter leurs opinions avec des articles, des commentaires qui confirment leur idée initiale et d'écarter ceux qui les infirmeraient. C'est **« l'effet de halo »** (ou biais de confirmation) : on ne voit que ce que l'on veut bien voir ou accepter. On se projette dans ce que l'on imagine du sujet. Ce qui pervertit immédiatement, voire irrémédiablement le débat sur le sujet en question. **Ce biais est très largement amplifié par l'utilisation des algorithmes** par les géants du numérique : l'un de leurs effets pervers est de finir par nous enfermer dans notre communauté de pensée et de n'être

1. https://www.youtube.com/watch?v=5zR7p79DOaQ

sollicités que par des publications qui nous rassurent parce qu'elles confirment nos "convictions"[1]. Gérald Bronner dans « La démocratie des crédules » exhorte à connaitre la cartographie de nos biais cognitifs...

Etienne Klein met également en avant la problématique de la **transmission de la culture scientifique et la difficile mission de vulgarisation des connaissances**. Les scientifiques rencontrent deux difficultés dans la transmission leurs connaissances : d'abord la valorisation par les médias de personnalités médiatiques qui n'ont pas toujours une démarche scientifique et peuvent être partisans, et ensuite, le décalage, voire le fossé, entre le temps long de la recherche face aux attentes de résultats souvent immédiats qu'en attendent les gens pour leur vie quotidienne.

Du côté des scientifiques, il existe également des biais qui provoquent parfois des controverses. On peut citer les fameuses "batailles de chapelle" où certaines communautés soutiennent leurs collègues ou la conformité à un système de pensée global. Par ailleurs, les scientifiques ont besoin de financements importants pour réaliser leurs recherches et dans le monde actuel il faut être médiatique et souvent promettre des résultats (même si l'on sait pertinemment qu'ils sont hypothétiques) pour attirer les investisseurs. Enfin, certains scientifiques travaillent pour des entreprises ou organismes qui ont leurs propres intérêts, et il leur est parfois difficile de couper la main qui les nourrit.

Ces débats n'empêchent pratiquement jamais (à brève ou moyenne échéance) **la mise en œuvre des technologies dans un endroit du monde où il n'y a pas de débat et où la recherche n'est pas encadrée**. Quand il y a débat en effet (parce que les avis d'experts sont parfois contradictoires et militants ou que des questions d'éthique se posent) il est parfois le prétexte à une certaine paralysie face aux technologies émergentes. Or, quand cette paralysie s'installe, cela

1. Ce sujet, connu sous le nom de « bulle de filtre », sera repris plus loin dans l'ouvrage

laisse le champ libre ailleurs à ceux qui ne se posent pas de question et qui, eux, les mettent en œuvre immédiatement. Ainsi, comme les avancées technologiques sont de plus en plus nombreuses et émergent à un rythme de plus en plus rapide, elles sont parfois mises en application par les sociétés qui les produisent avant que l'on ait pu réagir et encore moins légiférer. **La société est donc confrontée au « fait accompli »**. Il est beaucoup plus difficile dès lors d'avoir une réaction à postériori plutôt qu'en avance de phase.

Et lorsque l'on voit les difficultés à se mettre d'accord sur des règles communes entre États, on ne peut que constater notre impuissance à canaliser ces différentes évolutions ou révolutions.

Certains champs de connaissance nécessitent des outils que nous n'avons pas encore inventés ou que nous n'aurons peut-être jamais à notre disposition. Nous allons voir par exemple pour la technologie de la fusion nucléaire que les défis technologiques à relever sont majeurs et, pour certains peut-être, insolubles. Avec un possible effacement de la frontière entre intelligence artificielle faible et forte[1], nous pourrions entrer dans un nouvel univers avec des conséquences sur nos vies individuelles difficiles à anticiper.

L'éthique est contingente. Un peu partout dans le monde, comme en France avec le Comité consultatif national d'éthique, des comités scientifiques fixent des règles et des limites à la démarche scientifique. Il paraît toutefois extrêmement difficile en la matière d'imaginer un accord planétaire sur tous les sujets. D'une part, parce que l'Homme a toujours cherché à comprendre et à découvrir. Et d'autre part, parce que les enjeux scientifiques, nous l'avons vu particulièrement depuis le début du XXe siècle, sont majeurs dans le cadre de la géopolitique et la géostratégie mondiale.

Posséder la bombe atomique, le missile, le drone, le char ou le sous-marin, le virus, le vaccin, l'IA, l'énergie (pour ne citer que quelques exemples) est synonyme de domination. À la fois pour

1. Même si cette éventualité est fortement contestée par des experts du sujet, comme nous l'avons évoqué plus haut.

menacer et pour se mettre à l'abri des menaces. Avoir les ordinateurs les plus puissants et les hackers les plus intrusifs devient un critère déterminant de la puissance numérique indispensable à tout pays aujourd'hui, étant donné l'omniprésence de ces technologies dans la vie quotidienne comme dans les systèmes vitaux (médicaux, industriels, administratifs et – encore plus critiques peut-être – d'armement). Disposer de meilleurs biologistes, généticiens ou neuroscientifiques est une nécessité aussi pour maîtriser le vivant, le modifier voire l'augmenter et bien sûr en corollaire parer les attaques de tous types. L'exemple de la bombe atomique est très révélateur de la difficulté à trouver des accords pour une éthique scientifique : les pays qui la possèdent (officiellement) ont décidé unilatéralement d'interdire aux autres de l'obtenir. On peut se demander si l'enjeu n'est pas plus de rester dominateurs (nous en reparlerons plus loin) et de garder leur avance technologique que de concourir au bien de l'humanité.

Conclusion : une quatrième révolution industrielle est-elle en cours ?

Depuis une vingtaine d'années, la complexité des interactions entre la multitude des innovations en cours a pour effet de brouiller la compréhension de la véritable « plus grande révolution » dans laquelle nous sommes tous aujourd'hui véritablement embarqués. Une révolution dans le sens où les champs de recherche s'imbriquent, s'alimentent les uns les autres et que **les avancées dans des « disciplines » en apparence éloignées font progresser les autres.**

Big data, cloud computing, internet des objets, biotechnologie, robotique, imprimantes 3D, biomimétisme, cellules souches, viande de synthèse, nanotechnologies, intelligence artificielle, le monde semble s'emballer sous nos yeux depuis la fin du XXe siècle et le mouvement s'accélère depuis une dizaine d'années.

Dans la Silicon Valley, de jeunes pousses se lancent à l'assaut de nouvelles pistes en agroalimentaire qui réduisent l'impact sur l'environnement. Elles s'intéressent par exemple à des blancs de poulet à base de végétaux, à la production de steaks par imprimante 3D ou de chips à partir d'algues. Les diplômés de grandes écoles sont de plus en plus nombreux qui rêvent de lancer leur « start-up » innovante. On s'attend à des décennies d'innovations.

Et c'est ainsi qu'on entend aujourd'hui parler de **quatrième révolution industrielle. Mais sans encore vraiment s'accorder, par manque de recul, sur ce qu'elle recouvre précisément. Mais elle comporte quelques éléments clefs qui y concourent, sans oublier « nous-mêmes », les « humains », qui y contribuons en partie…** (Nous l'abordons sous l'angle « dystopique » dans la quatrième partie)

Partie 3
Des évolutions du monde et des enjeux qui nous dépassent

En ce début de XXIe siècle, apparaissent de plus en plus clairement les défis de la transition écologique (climatique, énergétique,...), démographique, alimentaire. Dans le même temps, des recompositions géopolitiques majeures sont à l'œuvre et bousculent l'ordre du monde dans lequel nous avons vécu pendant des décennies. Des liens évidents apparaissent entre ces bouleversements et les changements ou innovations technologiques. Et s'il ne semble pas possible aux simples individus d'exercer une quelconque influence sur leurs orientations, il semblait néanmoins essentiel de les intégrer dans le panorama de cette « plus grande révolution » pour les effets indirects qu'ils risquent d'avoir sur notre futur commun.

Chapitre 8

Quelles solutions pour répondre à l'urgence de la transition écologique ?

Sommes-nous face à un mur en termes de solutions rapides et durables à apporter à l'urgence climatique ?

Les conclusions développées dans les années soixante-dix dans le rapport du Club de Rome (dit « Rapport Meadows »)[1] nous indiquaient déjà que l'humanité se situait sur une pente vertigineuse et que si rien n'était fait pour limiter la croissance économique et démographique nous allions au-devant de catastrophes climatiques considérables (dérèglements climatiques, sécheresses, chaleurs impossibles ou encore saturation de l'air en humidité, avec d'inévitables et massives migrations contraintes dans le monde). Aujourd'hui, les derniers rapports du GIEC sont alarmants, voire catastrophistes[2].

Y a-t-il des solutions ? Est-ce qu'une volonté commune des gouvernements pourra répondre à la catastrophe annoncée ? La responsabilité de chacun d'entre nous est-elle la solution ? Pouvons-nous "miser" notre avenir sur le progrès technologique ?

1. « The limits to growth ». Rapport du Club de Rome – Donella Meadows, Dennis Meadows, Jørgen Randers et William W. Behrens III – 1972
2. https://www.unep.org/fr/resources/rapport/sixieme-rapport-devaluation-du-giec-changement-climatique-2022

En termes de résolution des problématiques écologiques par la science et le progrès technologique, la question de l'énergie est déterminante.

Pour s'en convaincre, il suffit de regarder la répartition des origines de l'émission de CO_2 dues à la combustion d'énergie en 2019. Sans surprise, c'est la production d'électricité qui génère le plus d'émissions de CO_2 au niveau mondial avec 41 % (la part est de 52 % en Chine contre 12 % en France), puis vient le transport avec 24 % des émissions dans le monde (37 % aux États-Unis et 43 % en France), et enfin l'industrie et la construction avec 19 % dans le monde (28 % en Chine)[1].

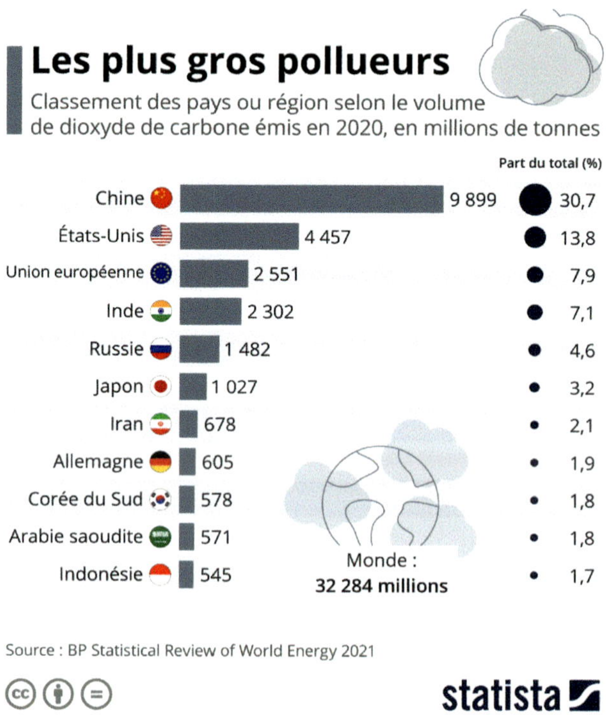

1. Source : I4CE https://www.statistiques.developpement-durable.gouv.fr/chiffres-cles-du-climat-france-europe-et-monde-edition-2022

Comment résoudre l'équation énergie / écologie ?

Il y a plusieurs leviers possibles pour tenter de résoudre cette équation. **En premier lieu, bien sûr, le développement des énergies renouvelables** : éolien, solaire, hydraulique, biomasse et biocarburants. D'immenses investissements sont réalisés en la matière depuis de nombreuses années dans le monde entier. Les énergies renouvelables représentent en 2019 26 % de la consommation mondiale d'énergie[1] en valeur cumulée.

Selon l'Agence internationale pour les énergies renouvelables (Irena) lors de son assemblée annuelle le 12 janvier 2020, il faudrait que sa part atteigne 57 % en 2030. Certes, avec l'abaissement des coûts de production des éoliennes ou panneaux solaires par exemple et l'évolution des technologies qui permettent plus d'efficacité, la part des énergies renouvelables dans le mix énergétique mondial devrait monter sensiblement. **Pour autant, cela prendra du temps et de nombreux experts considèrent que cela ne suffira pas.** Parallèlement, il ne faut pas négliger les contreparties issues du basculement : pollution indirecte des panneaux solaires, éoliennes, etc. que nous devons recycler[2] ! Ou les surfaces considérables qu'il faudra y consacrer, avec toujours plus de réactions des populations habitant à proximité qui y verront un impact négatif sur les paysages ; ou encore leur caractère intermittent, nécessitant soit une énergie « de base » plus polluante, soit des stockages d'énergie… problème incomplètement résolu à l'heure où ces lignes sont écrites.

D'autres initiatives joueront un rôle important, comme les démarches d'économies d'énergie avec par exemple l'isolation des bâtiments. En effet, une des meilleures solutions pour baisser

1. https://www.lelynx.fr/energie/guide/types-energies/energies-renouvelables/monde/energies-renouvelables-etats-incites-redoubler-defforts-dici-2030/
2. Et dans certains cas – panneaux solaires notamment – consommation de métaux rares.

le volume des émissions de CO_2 – c'est une lapalissade – est de consommer le moins d'énergie possible.

Dans certains de ses scénarios, le GIEC intègre également désormais la capture du CO_2, comme avec les prometteurs MOFs (Métal Organic Framework) ou les puits de carbone naturels comme les mers ou les forêts. Il s'agit de trouver le moyen d'éviter que le CO_2 s'échappe dans l'atmosphère, soit par des moyens naturels, soit à l'aide de la technologie. Cette dernière option relève de ce que l'on appelle le technosolutionnisme, poussé notamment par les géants technologiques américains et qui est l'objet de nombreuses critiques de la part de la communauté internationale, notamment scientifique[1]. Autre piste : les bioénergies avec le captage et le stockage de dioxyde de carbone (BECSC), processus consistant à extraire la bioénergie de la biomasse, à capturer puis stocker le carbone, le retirant ainsi de l'atmosphère, avec une dynamique additionnelle très intéressante via des microalgues de créer des biocarburants. Projets passionnants avec un enjeu économique notable.

Nous avons vu ci-dessus quelques-uns des leviers possibles. Pour autant, tout cela sera-t-il suffisant ? Pour le GIEC, la réponse est aujourd'hui clairement négative. Dans leur rapport de 2021, « seuls les [deux] scénarios les plus ambitieux donnent une probabilité supérieure à 50 % de limiter la hausse des températures respectivement à 2 °C et à 1,5 °C à l'horizon 2100 par rapport à l'ère préindustrielle. Le scénario tendanciel a plus de 50 % de probabilité d'aboutir à une hausse supérieure à 4 °C »[2]. Serons-nous donc capables demain d'être à la hauteur de l'enjeu ? D'autant plus que nous assistons à l'explosion des besoins énergétiques mondiaux, particulièrement en Chine, mais aussi dans de nombreux pays émergents. Avec comme conséquence toujours plus d'émission de CO_2.

---

1. Le livre de Pierre Gilbert « Géomimétisme. Réguler le changement climatique grâce à la nature » (Les Petits matins, 2020) présente des cas aberrants de tentative de régulation climatique par des solutions techniques hasardeuses et coûteuses.
2. https://www.statistiques.developpement-durable.gouv.fr/edition-numerique/chiffres-cles-du-climat-2022/3-scenarios-et-projections-climatiques

Compte tenu des projections actuelles, qui ne nous placent pas en situation de pouvoir réduire les émissions de CO_2, il va donc falloir trouver des solutions radicales et/ou bénéficier d'avancées majeures de la science. Et en ce sens, l'une des sources d'énergie qui pourrait être en mesure d'avoir un impact déterminant est **l'énergie nucléaire.**

L'énergie nucléaire, solution aujourd'hui insuffisante

Deux freins majeurs apparaissent dès qu'on évoque le nucléaire.

Le premier est celui de la sécurité – les accidents des centrales nucléaires de Three Miles Island, de Tchernobyl comme plus récemment celui de Fukushima nous rappellent l'extrême gravité de ce risque. Le second est celui de la gestion des déchets radioactifs. Car ils représentent une pollution et des menaces pour la santé pour des centaines de milliers d'années. Ces deux limites rédhibitoires sont devenues inacceptables pour une grande partie de l'humanité. Et les réactions sont devenues épidermiques entre anti et pros nucléaires, empêchant presque tout débat.

Quelques chiffres pour dresser un bref panorama mondial de l'énergie nucléaire.

Les États-Unis sont premier producteur mondial d'énergie nucléaire civile. La France est, encore au moment où nous écrivons ce livre, deuxième, mais juste devant la Chine, qui devrait cependant très rapidement la dépasser avec un rythme de construction de quatre centrales nucléaires par an[1]. La place de la France est liée au choix stratégique d'indépendance (tant militaire qu'économique) de ses dirigeants. En effet, après la Deuxième Guerre mondiale, la France a lancé un vaste programme nucléaire avec la

1. https://www.lesechos.fr/industrie-services/energie-environnement/avec-le-nucleaire-et-lepr-de-taishan-pekin-veut-assurer-sa-transition-ecologique-1323431

création du CEA (Commissariat à l'Energie Atomique). Puis dans les années 70, dans le contexte des chocs pétroliers, elle est l'un des seuls pays au monde à avoir fait le pari du « tout nucléaire ». C'est la raison pour laquelle elle reste en pointe sur le sujet du nucléaire civil comme militaire.

Au-delà de ces trois premiers producteurs mondiaux, de nombreux pays se rangent derrière la dynamique de développement du nucléaire. Et ce, pour trois raisons essentielles : l'urgence climatique (l'énergie nucléaire n'émet pas de CO_2), l'augmentation des besoins énergétiques et la réduction de la dépendance aux énergies fossiles. D'autant plus, et c'est très loin d'être négligeable, que les énergies fossiles représentent un coût considérable en importation pour les États qui n'en possèdent pas. Selon l'Agence Internationale de l'Energie, d'ici 2040, la capacité mondiale d'électricité d'origine nucléaire devrait croître de près de 60 %, permettant d'éviter le rejet de l'équivalent de quatre années d'émissions de CO_2.

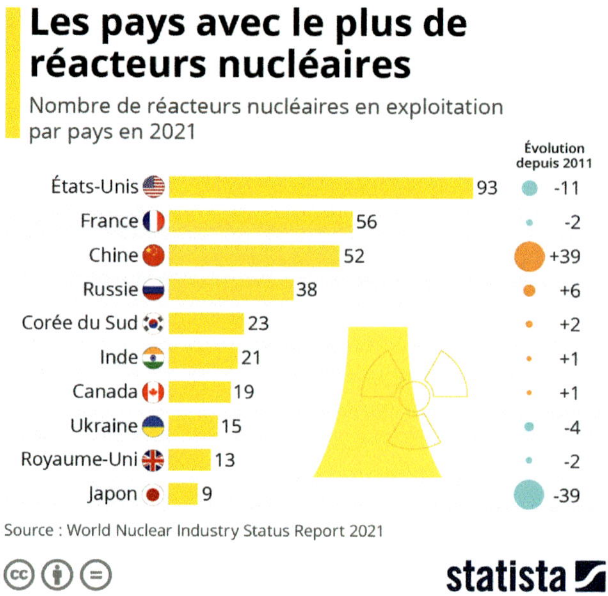

L'énergie nucléaire constitue aujourd'hui un élément indispensable du mix énergétique mondial. Sa part reste pourtant cantonnée à environ 12 %. Certes, de nombreux pays, et notamment la Chine comme les pays émergents, investissent massivement dans cette technologie, mais ils le font également dans toutes les autres sources d'énergie et notamment les énergies renouvelables, ce qui explique que la part du nucléaire reste stable.

Comment allons-nous donc réussir à sortir de cette impasse dans laquelle les énergies renouvelables ne suffisent pas à couvrir les besoins énergétiques croissants du monde, le stockage du CO_2 n'est pas encore assez efficace, les besoins en énergie explosent et le nucléaire ne parvient pas à répondre aux besoins et/ou nous fait courir de nombreux risques ? C'est une question centrale et fondamentale des prochaines années.

La solution pourrait peut-être venir de la maîtrise d'une nouvelle technologie : la fusion nucléaire.

Une solution à (long) terme avec la fusion nucléaire ?

À la question "La fusion nucléaire peut-elle nous sauver ?"[1] le français Bernard Bigot, directeur général de l'organisation ITER répond par l'affirmative : « La population mondiale devant atteindre 9 milliards d'habitants d'ici 2040, la demande mondiale d'électricité augmentera de 45 %. Comment répondre à cette demande sans contribuer à la crise climatique est une question cruciale. Des milliers d'entre nous travaillent dans le monde entier pour faire de la fusion une réalité. »

Précisons tout de suite que la communauté scientifique n'est absolument pas unanime sur le sujet, loin s'en faut. **De nombreux**

1. Titre d'un reportage diffusé par ARTE dans FUTUREMAG https://www.youtube.com/watch?v=-UC8eSbQiWU

scientifiques sont sceptiques et prétendent que les obstacles technologiques sont trop nombreux, voire insolubles.

Décrivons maintenant le plus simplement possible ce qu'est la fusion nucléaire, dont l'idée est de reproduire l'énergie du soleil, par rapport à la fission nucléaire.

Les centrales nucléaires actuelles fonctionnent sur le principe de la fission nucléaire : « La fission nucléaire est l'éclatement d'un noyau instable en deux noyaux plus légers et quelques particules élémentaires. Cet éclatement s'accompagne d'un dégagement de chaleur, c'est-à-dire d'énergie »[1]

Dans le cas de la fusion, il s'agit, comme son nom l'indique, de fusionner des atomes (d'hydrogène, et aussi de deutérium et de tritium qui en sont des isotopes) pour former des atomes plus lourds, ce qui produit beaucoup d'énergie par rapport à une infime quantité de carburant. En théorie cela produit quatre fois plus d'énergie que dans un réacteur à fission nucléaire[2], avec deux avantages considérables : le seul déchet produit est de l'hélium, qui ne pollue pas et il n'y a pas de risque en cas d'accident puisqu'il n'y a pas de radioactivité (seules les infrastructures pourraient être menacées).

La recherche se mobilise à travers le monde, mais, il reste encore « quelques détails techniques » à lever… Et notamment celui de **maîtriser des températures de 150 millions de degrés** pour pouvoir opérer la fusion ! La solution est de "piéger" cette chaleur infernale dans un champ magnétique. C'est le principe des « tokamaks » (en français, chambre toroïdale avec bobines magnétiques) que les physiciens russes Igor Tamm et Andreï Sakharov ont conceptualisé dans les années 1950.

1. Futura science : https://www.futura-sciences.com/sciences/definitions/physique-fission-nucleaire-2462/
2. https://www.iter.org/fr/sci/fusion

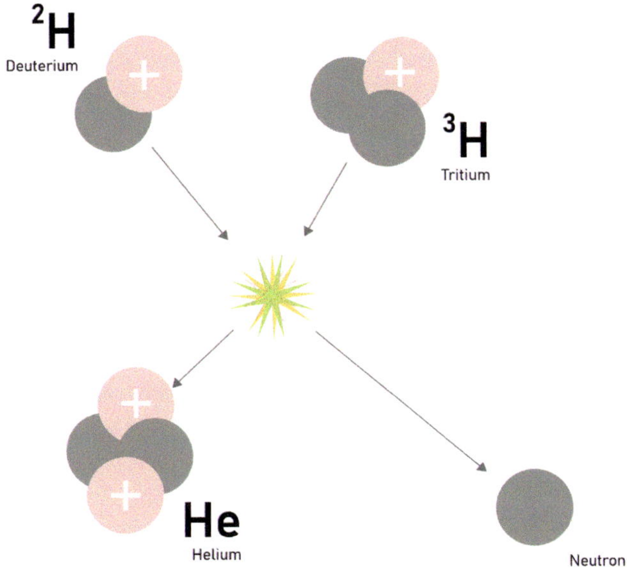

Fusion nucléaire.
Source Pixabay

Tout au long du XXe siècle, d'immenses progrès ont été réalisés jusqu'à ce que 35 pays décident de développer le projet ITER (International Thermonuclear Experimental Reactor) qui réunit des milliers de chercheurs et ingénieurs à travers le monde. Ce projet, qui a déjà coûté des sommes colossales (plus de 20 milliards d'euros), doit entrer en service et produire un premier plasma vers 2025. Avec de premières expériences de fusion vers 2035.

Très récemment, la société DeepMind, filiale d'Alphabet (ex-Google) spécialisée dans l'intelligence artificielle, en collaboration avec le Swiss Plasma Center de l'EPFL (Ecole Polytechnique de Lausanne), a annoncé avoir réussi à former un algorithme d'apprentissage profond pour contrôler le plasma surchauffé à l'intérieur d'un réacteur à fusion nucléaire…[1]

1. https://www.technologyreview.com/2022/02/16/1045470/deepminds-ai-can-control-superheated-plasma-inside-a-fusion-reactor/

Outre la chaleur, un second problème à résoudre tient à sa rentabilité. Il s'agit de réussir à produire plus d'énergie dans un réacteur que l'on en utilise pour produire la fusion des noyaux. C'est ce que l'on appelle le rendement positif. Le tokamak JET (Joint European Torus ou Tore commun européen) a permis des avancées très importantes dans le domaine et a permis de comprendre qu'il fallait des **machines d'une taille suffisamment importante**. D'autres verrous seront à lever, comme notre capacité à trouver un matériau permettant de supporter suffisamment longtemps le flux de neutrons produit par la fusion du deutérium et du tritium. Des supercalculateurs pourront peut-être nous aider en modélisant des simulations qui résoudront certaines problématiques.

Dernier problème, et pas des moindres : ITER ne produira jamais d'électricité… ITER est uniquement un réacteur test. Ce ne sera qu'à la prochaine étape, avec la construction de nouveaux réacteurs, plus puissants, que nous pourrons commencer à produire de l'électricité. Si l'ITER permet de produire plus d'énergie qu'il n'en consomme, les recherches gagneront un niveau pour tenter de transformer cette énergie thermique dans la production d'électricité au sein d'une installation industrielle : c'est l'objectif du projet DEMO (Demonstration power plant), dont la conception doit être achevée d'ici 2027. DEMO devrait entrer en exploitation en 2030 et produire ses premiers kilowattheures en 2040. Il s'agira de la dernière étape avant un développement commercial de la filière de la fusion, espéré pour la deuxième moitié du xxe siècle.

D'autres projets alternatifs comme les stellarators, plus difficiles à construire, mais plus faciles à piloter, pourraient arriver plus tôt. Partout dans le monde, des scientifiques et entreprises cherchent à gagner du temps. Combien de temps devrons-nous donc attendre ? Certains scientifiques évoquent 20 ou 30 ans, d'autres 100 ans. Alors, évidemment, si la production d'énergie nucléaire grâce à la maîtrise de la fusion devenait réalité dans un siècle, il serait trop tard pour contrer le changement climatique. **La course contre la montre est donc lancée !**

Nous sommes allés sur la Lune, nous avons télécommandé des robots sur Mars. Nous pensions alors que c'était impossible... L'une des solutions pour l'avenir de l'humanité sera-t-elle l'énergie nucléaire ? Si c'est LA solution, pourrions-nous mettre autant de moyens que nous en avons mis pour la recherche de vaccin contre la COVID-19 ? Si cette question semble naïve, elle soulève néanmoins la question de l'effort à fournir pour atteindre cet objectif.

Il faut également noter que des sociétés indépendantes pourraient, pourquoi pas, venir jouer les "trouble-fêtes", comme nous l'avons vu avec SpaceX dans le domaine spatial. C'est le cas de la société Tri Alpha Energy qui développe le projet d'un réacteur à fusion aneutronique. La société américaine Commonwealth Fusion Systems de son côté a levé le 1er décembre 2021 1,8 milliards de dollars pour accélérer sur la fusion nucléaire[1]. D'autres projets sont à l'étude comme les recherches sur la fusion par laser (fusion inertielle) avec le National Ignition Facility (NIF) aux États-Unis ou le laser mégajoule en France... **Là encore l'intelligence artificielle et les capacités de calcul pour réaliser des simulations constitueront peut-être aussi des facteurs majeurs de réussite.** De nombreuses possibilités sont donc déjà explorées. Les avancées de la science ne sont pas linéaires et nous aurons peut-être de bonnes surprises dans les années à venir. Face à la nécessité, l'Homme a toujours démontré des capacités extraordinaires à réaliser ce qui semblait initialement l'impossible. En attendant d'avoir la réponse, il faudra utiliser dès à présent tous les leviers que nous avons énumérés plus haut[2].

---

1. https://www.usinenouvelle.com/editorial/l-instant-tech-avec-son-aimant-supraconducteur-ultra-puissant-le-mit-se-rapproche-de-la-fusion-nucleaire.N1139492

2. Pour plus de détails, lire l'excellent article de futura-sciences sur le sujet : https://www.futura-sciences.com/sciences/actualites/fusion-fusion-controlee-elle-cle-futur-humanite-93321/

Comment nourrir une planète en expansion démographique ? (Laure Blagojevic)

L'alimentation est LE système économique le plus complexe qui soit. Le seul dans lequel il faut nourrir plusieurs fois par jour plus de 7,7 milliards de personnes, et 10 milliards à l'horizon 2050. Le seul système dans lequel il faut transférer, au moins trois fois par jours, de la fourche à la fourchette, des denrées saines et contrôlées, répondant à des besoins très diversifiés. Tout n'est pas alimentaire dans l'alimentation, c'est un sujet polymorphe. Il est tout autant politique, social, religieux, juridique, médiatique, technologique, scientifique, énergétique, agricole, économique, etc. et bien sûr, démographique.

L'alimentation, au carrefour de toutes les révolutions et transitions, segmente plus qu'elle ne rassemble, selon les générations, les continents, le niveau de richesses, d'industrialisation, d'évolution technologique des pays, voire des continents.

La longévité moyenne mondiale est passée à 70 ans en 2015, et les plus de 60 ans qui représentaient 809 millions d'individus en 2012 seront 2 milliards en 2050. Grâce à un pouvoir d'achat supérieur à celui des autres générations, tout du moins sur notre continent, ils seront à l'origine, dès 2030, de 60 % de la consommation, et la santé est au cœur de leurs actes d'achats.

Les millenials, nés entre 1980 et 1990, représentent, quant à eux, 40 % de la population mondiale, et 50 % de la population active depuis 2020. Hédonistes autant qu'écologistes, leurs choix alimentaires sont hétéroclites, faisant la richesse de marques comme Coca-Cola et Nutella. C'est cependant la première génération à faire le lien entre nutrition et durabilité, grâce aux applications qui leur permettent de suivre leur santé, leur consommation de calories ou leur activité physique.

Avec plus de 3 400 milliards de dollars dépensés en 2021, la génération Z (née entre 1997 et 2010) pèse déjà, malgré son jeune âge, 7 % des dépenses des ménages. Ils recherchent tout autant la facilité consommable partout et tout le temps, que des aliments sains. C'est la génération la plus susceptible d'être végétarienne.

Quant à la génération Alpha, la première à être née entièrement au XXIe siècle, appelée aussi Génération de Verre, car elle regarde le monde au travers des écrans, elle comportera les plus jeunes fondateurs d'entreprises, aura accès au plus grand nombre de connaissances que l'humanité ait maitrisées. Elle sera savante, depuis son canapé, sans avoir à apprendre, grâce à toutes sortes d'applications, comme les traducteurs automatiques et vocaux de langues étrangères, favorisant sa capacité de converser avec le monde entier. C'est LA génération en concurrence avec l'IA.

Même si ces générations cohabitent et interagissent, leur capacité à être prescriptrices de plus en plus précocement, donne lieu, au sein d'une même famille, à la coexistence de plusieurs régimes alimentaires, d'achats de plus en plus séparés dans le temps et l'espace, ou quand il y a achats groupés, à des produits choisis séparément. Les repas en commun sont de moins en moins fréquents, car l'heure s'adapte maintenant à l'individu, et non l'inverse. Les technologies rendent le monde disponible – à disposition – d'une grande partie de ceux qui ont accès au numérique. Les jeunes générations accèdent à leur pain quotidien – qu'ils souhaitent durable – via leur smartphone qui, quant à lui, impacte chaque jour un peu plus l'environnement.

Pourra-t-on nourrir tout le monde, tout en préservant le meilleur équilibre pour tous et tout ? *Pourra-t-on accéder à ce que l'OMS nomme, dans le cadre de son programme alimentaire mondial : « One Health », soit Une seule Santé, la santé humaine, la santé animale, la santé de la planète ? Doit-on choisir entre produire et s'épanouir, ou produire et préserver l'environnement ? D'après Idriss Aberkane, qui illustre très bien ce propos dans son livre « L'âge de la Connaissance », le choix n'est plus à faire.*

Selon les projections des Nations Unies, la population mondiale pourrait atteindre un nombre proche de 11 milliards d'individus en 2100. À date, 61 % de la population mondiale vit en Asie, 17 % en Afrique, 10 % en Europe, 8 % en Amérique latine et dans les Caraïbes et les 5 % restants en Amérique du Nord et en Océanie. Plus de la moitié de la croissance démographique dans le monde d'ici 2050 aura lieu en Afrique subsaharienne, et déclinera en Europe. Les facteurs d'influence de la croissance démographique sont : le taux de fécondité, l'espérance de vie, ainsi que les migrations internationales. Ces facteurs évoluent, en lien avec le développement économique des pays, passant d'un stade de forte natalité et forte mortalité, à celui de faible natalité et faible mortalité. À cette aune, un être humain sur quatre serait alors victime d'insécurité alimentaire. Comme l'écrit Antoine Buéno dans Futur (Flammarion) : « tandis que deux milliards d'humains « ne disposent pas d'un accès régulier à des aliments sains et nutritifs en quantité suffisante » (source FAO3), presque autant de personnes adultes sont en surpoids... Le problème n'est donc pas le nombre de calories produites, mais l'usage que l'on en fait. » Le gaspillage alimentaire, développe-t-il, ainsi que la nourriture pour animaux, détruit massivement et chaque année, une grande partie des calories produites par l'agriculture mondiale, et permettraient de nourrir 3,5 milliards de personnes.

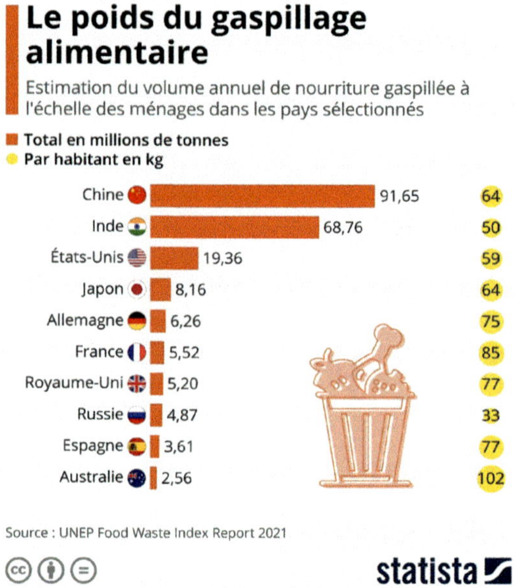

Jusqu'à maintenant, la production alimentaire a toujours cru plus vite que la population, grâce aux révolutions industrielles, qui sont chaque fois issues de la naissance du même duo : exploitation d'une nouvelle source d'énergie alliée à l'exploitation d'un nouveau mode de communication. Au XIXe siècle, la vapeur et le télégraphe structurent rails et usines au charbon, au XXe siècle, pétrole, téléphone, radio puis télévision permettent le déploiement commercial d'une époque caractérisée par la consommation de masse. Au XXIe siècle, énergies renouvelables et internet font basculer le siècle dans la 4e révolution industrielle, vers une automatisation dans un monde toujours plus interconnecté.

La 3e révolution industrielle a créé une désagricolisation pour une forte industrialisation. Les pays riches ne mangeaient plus de denrées agricoles, mais des produits transformés. La 4e révolution industrielle en cours dans les pays industrialisés, se dirige, grâce à l'automatisation et les données interconnectées, vers une ultra personnalisation individuelle alimentaire, affirmant une logique de liberté et de satisfaction individuelle, tirant petit à petit vers une alimentation fonctionnelle et physiologique, une alimentation subordonnée, subalterne.

***Le rapport à l'alimentation est un fort marqueur d'inégalités sociales**, et il est fort à parier que cela s'accentuera, en raison de la croissance démographique en cours, et des flux migratoires climatiques en prévisions, dont les* *chiffres oscillent, selon la source, de 200 à 900 millions de personnes. Sauf, peut-être si nous changeons, non pas uniquement de révolution industrielle, mais bien de paradigme, en revenant aux principes scientifiques de base, dont celui bien connu d'Antoine Lavoisier : « Rien ne se perd, rien ne se crée, tout se transforme ». « L'économie bleue » prônée par Gunter Pauli, ou comment s'inspirer de la nature pour développer une économie durable fondée sur la valorisation des déchets, l'emploi des ressources locales et la mobilisation des entreprises du territoire, s'en approche fortement. Le réseau Zeri (« Zero Emissions Research and Initiatives »), dont il est l'instigateur, réunit d'ores et déjà 3000 chercheurs et un millier d'entreprises dans le monde, une bible de projets réussis ainsi qu'un livre de contes écologiques pour enfants, que le gouvernement chinois a choisi d'enseigner dans toutes les écoles du pays.*

L'homme a besoin d'adhérer à un récit pour progresser en avancer. Peut-être que celui-ci est plus clair et plus audible que les autres, et permettrait une issue pour chacun et pour tous, de produire et s'épanouir, d'accéder à Une Seule Santé holistique.

Laure Blagojevic
CEO L'INNOVORE (France & Corée)

**Sources : Kantar WordPanel 2018, Les Echos Etudes 2016, INSEE 2018 – Enquête nutrition à domicile, Institut du bien vieillir – Korian 2016, Baromètre IFOP 55+*

Un univers en expansion
(Jérôme Coutou)

Les scientifiques considèrent que l'Univers a 13,7 milliards d'années. Depuis le Big Bang (modèle cosmologique majoritairement admis par la communauté scientifique pour décrire l'origine et l'évolution de l'Univers), des centaines de milliards de galaxies se sont formées et dans chaque galaxie des centaines de milliards d'étoiles et de planètes ont vu le jour. Autant préciser tout de suite que la Terre est invisible à l'échelle de l'Univers.

Ces chiffres sont difficilement concevables pour l'esprit humain. Citons quelques exemples :

GN-z11 est la plus lointaine et la plus ancienne galaxie connue dans l'univers observable, découverte en mars 2016. Elle se situe dans la constellation de la Grande Ourse à une distance de 13,4 milliards d'années-lumière et à une distance comobile (qui tient compte de l'expansion de l'Univers) d'approximativement 32 milliards d'années-lumière de la Terre. ***Si l'on prend pour base la vitesse actuelle de Voyager 2 (55 570 km/h), record inégalé de déplacement dans l'espace, il faudrait 19 433 ans pour parcourir une année-lumière.*** *Et nous évoquons des milliards d'années-lumière pour la taille de l'Univers. Proxima Centauri, notre étoile voisine la plus proche est située à 4,2 années-lumière de la Terre... Les volumes, les masses, les distances sont colossales. L'univers est infiniment grand !*

Par ailleurs, il faut dans un premier temps imaginer le monde en trois dimensions et en mouvement permanent à des vitesses vertigineuses, puis ensuite le conceptualiser en quatre dimensions en prenant en compte le temps, puisque c'est une notion inséparable de l'espace (on parle d'espace-temps). Et si l'on veut aller plus loin, intégrer la logique de la théorie de la relativité générale d'Einstein et de la courbure de l'espace-temps. Sans parler des trous noirs, des trous de ver, de l'antimatière, des quasars et autant de concepts extraordinaires qui nous fascinent et que seuls les astrophysiciens parviennent réellement à appréhender... L'univers est infiniment complexe !

On ne connaît d'ailleurs réellement que 5 % de la matière ordinaire (les atomes et molécules) de l'univers... 95 % de la densité totale de l'énergie de l'univers sont repartis entre l'énergie sombre à 70 % et la matière noire pour 25 % (ces deux éléments sont déduits de l'observation cosmologique et de calculs mathématiques, mais sont encore inconnus et hypothétiques). Tout cela pour dire que l'on ne ***sait sans doute encore quasiment rien ou très peu de choses sur l'Univers.*** *Le télescope James Web, qui a été lancé le 24 décembre 2021 nous en apprendra certainement plus sur l'origine de l'Univers... L'univers est infiniment inconnu. Il y a donc une immense difficulté à appréhender tout cela.*

L'homme, quant à lui, est infiniment petit. Il ne représente rien en proportion. Pas même une poussière dans l'Univers. Il est, de plus, d'une immense faiblesse. Il faut voir à ce sujet un formidable documentaire diffusé sur ARTE, « L'homme une espèce à part »[1]*, conçue par Franck Courchamp et réalisée par l'animateur Clément Morin, sorti en 2019. Cependant, l'homme dispose d'un atout extraordinaire : la conscience.*

Faisons ensemble l'expérience d'imaginer que les 13,7 milliards d'années de l'Univers représentent une de nos années. *Dans ces conditions, ce n'est que le 31 décembre vers 23 heures les premiers êtres humains semblables à nous apparaissent. La chute de l'Empire romain est à 23 h 59 m 56 s... Les échelles de temps de l'Univers sont gigantesques en rapport à notre propre existence.*

1. https://www.youtube.com/watch?v=stCxLxBMjYA

La vie dans l'Univers *telle que nous la connaissons pour l'instant peut revêtir des formes très différentes. Ce n'est pas uniquement l'Homme bien sûr. La diversité de la vie sur Terre est fantastique. Par ailleurs, il existe des organismes – on les qualifie d'extrêmophiles – qui peuvent survivre alors que les conditions de vie sont mortelles pour la plupart des autres organismes. Beaucoup de ces extrêmophiles sont des archées – des microorganismes unicellulaires procaryotes, c'est-à-dire des êtres vivants constitués d'une cellule unique qui ne comprend ni noyau ni organites – ou des bactéries, bien qu'il existe aussi des extrêmophiles eucaryotes métazoaires comme les tardigrades. La vie peut exister sous des formes qui s'adaptent à des conditions de vies bien plus chaotiques que l'Homme ne peut supporter.*

L'astrophysicien Hubert Reeves, dans le documentaire « Du big-bang au vivant : la vie tombée du ciel », réalisé par Denis Blacquière et Iolande Cadrin-Rossignol, a bien voulu livrer son intuition qui, il le dit lui-même, ne repose sur aucune connaissance scientifique actuelle. Il est convaincu qu'il existe de la vie partout dans l'Univers de manière généralisée et qu'il y a des millions voire des milliards de vies évoluées (plus ou moins avancées d'ailleurs que le monde que nous connaissons) dans l'Univers.

Nous sommes aujourd'hui dans l'incapacité, à l'échelle humaine et physique et au stade de nos connaissances actuelles, d'imaginer pouvoir rencontrer ces vies potentielles. Les voyages intergalactiques sont inimaginables à l'échelle de l'homme. Dans le même documentaire, Jean-Pierre Luminet, le cosmologiste, évoque un sujet qui est aujourd'hui de la pure science-fiction : le trou de ver. Un **trou de ver**[1] *est, en astrophysique, un objet hypothétique qui relierait deux feuillets distincts ou deux régions distinctes de l'espace-temps et se manifesterait, d'un côté, comme un trou noir et de l'autre côté, comme un trou blanc. Il permettrait ainsi potentiellement de déplacer un objet dans l'Univers beaucoup plus rapidement.*

1. En anglais « wormhole »

Les astrophysiciens réfléchissent à de nouveaux modèles, tentant de réunir deux notions fondamentales de la physique : la **relativité générale** *(qui décrit la gravité et s'applique à tout ce que nous voyons, pour résumer très sommairement) et la* **mécanique quantique** *(électromagnétique, interaction faible et forte à l'échelle atomique et subatomique). C'est ce que l'on appelle la* **grande unification***. Pour résoudre l'une des plus grandes énigmes de la physique moderne, qui vaudra à coup sûr un prix Nobel et qui pourrait remettre en cause beaucoup de nos certitudes, certains physiciens proposent des théories de multiples univers (comme si le nôtre n'était déjà pas infiniment grand et infiniment complexe !). Ils parlent notamment de pluri-univers ou mégavers, en s'appuyant par exemple sur la théorie des supercordes, qui suppose une dizaine de dimensions spatio-temporelles (rien que ça !). La science-fiction s'est, elle-aussi, emparée du sujet avec les multivers, au cœur de l'intrigue dans le blockbuster de Marvel Studios « Doctor Strange in the Multiverse of Madness ».*

L'univers est définitivement infiniment inexpliqué. Et l'homme dans tout cela, infiniment ignorant.

Relativisons ici notre « plus grande révolution », tellement... insignifiante ?

Chapitre 9

Un nouvel « équilibre géopolitique mondial » avec l'émergence de nouvelles dominations technologiques

Un affrontement Chine-USA pour le leadership mondial

Nous sommes sans doute en train de vivre « Le grand basculement », formidablement bien décrit par Philippe Dessertine dans son dernier livre éponyme[1], avec une montée en puissance de la Chine qui peut ravir sa place de leader mondial aux États-Unis. Les conséquences sont considérables en termes de géopolitique et de géostratégie. Nous pourrions même parler de « géotechnologie », néologisme qui définit le rapport technologique entre États et qui va bien au-delà de la seule question des aspects militaires et leurs conséquences sur l'enjeu des ressources naturelles.

Pour décrypter la situation actuelle et bien comprendre les enjeux des révolutions en cours, il est important d'intégrer dans

1. Philippe Dessertine : « Le grand basculement. Quel sera le monde d'après ? » Editions Robert Laffont (2021)

la réflexion quatre dimensions du leadership que sont la puissance militaire, la puissance économique, la puissance démographique… et la puissance technologique.

En termes de leadership militaire, après la Seconde Guerre mondiale, c'est-à-dire tout au long de la « guerre froide » (de 1945 à 1989), les États-Unis et l'URSS se sont livrés à une véritable course aux armements. Aujourd'hui, une course similaire s'est mise en place entre les États-Unis et la Chine.

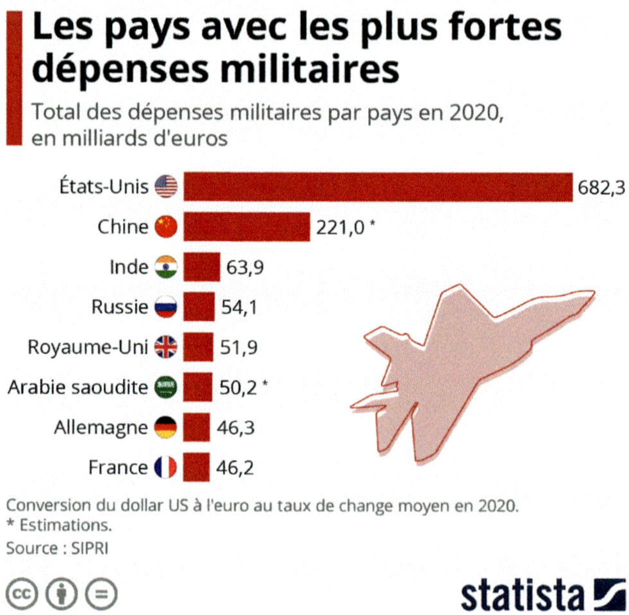

Ceci est manifeste si l'on considère l'augmentation des budgets de la défense en Chine et aux États-Unis au sein du budget mondial :

– en 2010, sur un total mondial de 1917 milliards de dollars de dépenses militaires, la Chine avait un budget de 114 milliards (soit 7 % du total mondial), contre 698 pour les États-Unis (43 % du total mondial). L'Union européenne quant à elle totalisait 18,4 % des budgets (dont 61 milliards de dollars de dépenses pour la France)[1] ;

– en 2020, le total mondial était de 1981 milliards malgré un contexte de recul de l'économie mondiale de 4,4 % dû à la crise du COVID-19. Les États-Unis accélèrent la croissance de leurs dépenses, qui se situent à 778 milliards (soit 39,3 % du total mondial). La Chine augmente, elle aussi, son budget militaire (pour la 26e année consécutive comme le précise le rapport du SIPRI) et le monte à 252 milliards (soit 12,7 % du total mondial). L'Europe, en cumulé, se place depuis quelques années derrière la Chine, qui est devenue indéniablement la deuxième puissance militaire du monde ;

Les budgets américains et chinois augmentent donc de manière significative. Comme le remarque pour la Chine Rory Medcalf, expert de la défense en Asie à l'Université nationale australienne : « Augmenter autant les dépenses de défense malgré la contraction de l'économie (– 6,8 % au premier trimestre) est le signe que la Chine glisse vers une course aux armements »[2].

Les écarts de dépense entre les États-Unis et la Chine demeurent donc importants et il faut relativiser les chiffres chinois, car les coûts humains et de production ne sont pas les mêmes en Chine qu'aux États-Unis. L'écart théorique d'investissement n'est donc pas forcément majeur. De plus, certaines des informations communiquées par la Chine sont souvent opaques sur les sujets stratégiques, donc sujettes à caution.

En termes de leadership économique, la Chine rattrape très clairement son retard sur les États-Unis. On peut parler pour la Chine d'un véritable miracle économique des quatre dernières décennies, qui révèle ses forces comme ses faiblesses dans la période de l'après-Covid. La Chine a su développer une stratégie particulièrement efficace autour d'un capitalisme d'État non libéral, bâti sur la volonté d'un développement industriel considérable, fondé à l'origine sur la

1. Source : SIPRI
2. https://www.challenges.fr/monde/la-chine-poursuit-la-hausse-de-son-budget-militaire_711216

délocalisation des entreprises du monde entier sur son territoire et un investissement volontaire pour rattraper son retard technologique.

L'initiative de la ceinture et de la route (ICR) dite des « nouvelles routes de la soie » du président Xi Jinping a pour objectif de faire de la Chine un acteur central du monde de demain. Mais les difficultés sont nombreuses. Même si le "pays du milieu" s'ouvre de nouveaux débouchés commerciaux doublés d'une indispensable captation des matières premières en Asie, en Europe et en Afrique. En consentant à des investissements et des prêts importants dans la réalisation d'infrastructures, elle crée un nouveau rapport de force avec différents pays, qui, endettés, ont perdu ou perdront une partie de leur souveraineté : c'est la politique de la dette. Cette politique devrait permettre à Pékin, dans un second temps, de multiplier à travers le monde l'installation de complexes militaires stratégiques indispensables dans sa confrontation avec les pays démocratiques occidentaux, les États-Unis en tête, et dans la promotion d'un nouveau modèle de gouvernance autoritaire auprès d'États redevables.

Les plus gros prêteurs au niveau mondial

Dette publique extérieure globale, en milliards de dollars US

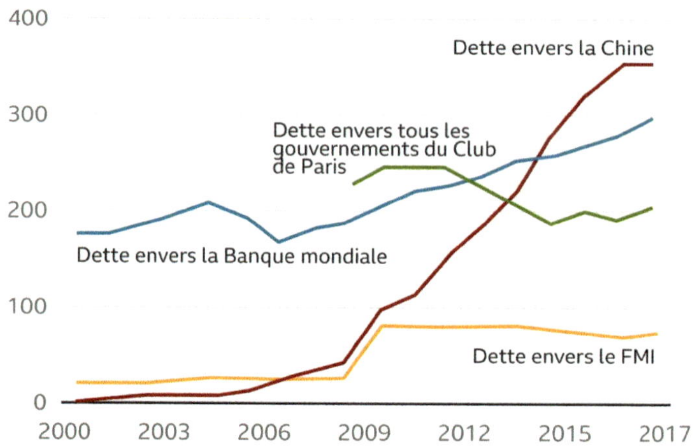

Source : Statistiques Dette internationale Banque mondiale; Club de Paris; Horn, Reinhart et Trebesch

L'économie américaine quant à elle est toujours la première du monde, représentant 20 % du PIB mondial. Sa puissance repose sur l'industrie (20 % de son PIB) et le tertiaire (77 % du PIB) (particulièrement la finance, l'assurance et la haute technologie). Les États-Unis ont aussi un avantage considérable depuis la fin de la Deuxième Guerre mondiale : ils ont réussi, lors de la conférence de Bretton Woods, à imposer le dollar comme monnaie d'échange internationale, leur permettant ainsi d'atténuer l'impact de leurs déficits colossaux.

Notons qu'en 2021, le Japon, malgré les problématiques de vieillissement de sa population, est solidement ancré à la troisième place du PIB mondial, devant l'Allemagne, puis, à des niveaux très proche le Royaume-Unis, l'Inde et la France (source Statista 2022).

Sur le plan économique, **l'Europe reste une grande puissance** (si l'on cumule les PIB des pays de l'UE elle se situe au deuxième rang du PIB mondial, derrière les USA et devant la Chine). Et si elle rencontre des difficultés de désindustrialisation dans certains pays, **c'est surtout sur le plan militaire et technologique que le bât blesse**. Malgré un vœu pieu du président français Emmanuel Macron de créer une armée européenne, on constate d'une part qu'avec le Brexit puis la création de l'AUKUS (qui a vu la France ridiculisée par les États-Unis sur la vente de sous-marins aux Australiens), le Royaume-Unis joue sa carte personnelle. D'autre part, l'Allemagne ne veut pas de cette armée européenne, préférant de très loin le parapluie américain de l'OTAN. C'est le cas d'autres pays comme la Pologne qui commande à hauteur de 10 milliards par an des armements « made in USA ». L'Europe est donc réduite à un rôle de seconde zone ou est tout simplement vassalisée par les États-Unis faute de dynamique commune. C'est encore plus flagrant au niveau des entreprises technologiques : aucune technologie majeure (exceptée peut-être un jour la fusion nucléaire) n'est possédée ou développée par l'Europe.

Ceci est sans aucun doute lié à une **certaine fragilité inhérente à la « construction » de l'UE**. Les élargissements successifs sont parfois difficiles à digérer, car la nature même de son organisation à 27 pays demande des consensus de plus en plus difficiles à trouver, dans un contexte d'affrontements internationaux où les grandes puissances décident seules et vite.

L'Europe a la particularité, et c'est tout à son honneur, d'être attachée, et c'est même sa raison d'être, à la paix, à l'amitié entre les peuples, aux droits de l'Homme et à la démocratie. C'est aussi sa faiblesse. Attention, en temps de crise, que ses « naïvetés » ne soient pas coupables. Le général de Gaulle dans un entretien au magazine Paris Match, le 9 décembre 1967 précisait que : « Les États n'ont pas d'amis, ils n'ont que des intérêts » Il reprenait en cela pour lui la phrase de Henry John Temple, Lord Palmerston, Speech to the House of Commons (1848) : « We have no eternal allies, and we have no perpetual enemies. Our interests are eternal and perpetual, and those interests it is our duty to follow. »[1] À défaut d'avoir une Europe soudée, les États doivent défendre leurs intérêts personnels.

En termes démographiques, il est essentiel d'insister sur le fait que les cent dernières années ont été au niveau mondial celles d'une véritable **explosion démographique : l'humanité est passée de moins de 2 milliards à près de 7,8 milliards d'habitants**. Cette évolution démographique est lourde de conséquences. De tous temps, le poids démographique a été capital : plus on est nombreux, plus on a de guerriers potentiels et de forces vives pour travailler. Mais, avec la mécanisation et la technologie, cette importance a diminué. Voire, et nous faisons un raccourci bien sûr, est apparue la menace d'une surpopulation que l'on ne pourrait pas nourrir (constatation qui a poussé Malthus au XVIIIe siècle à développer un projet de réduction des naissances) et plus récemment une menace pour l'environnement. À terme, dans un contexte de changement climatique

1. L'Angleterre n'a pas d'amis ou d'ennemis permanents ; elle n'a que des intérêts permanents. Et c'est notre devoir de suivre ces intérêts.

et de mouvements de population qui en seront la conséquence[1], la démographie peut influer considérablement sur la géopolitique, sur l'interculturalité et la logique de civilisation.

La démographie peut également devenir une arme dans le contexte du développement des big data pour analyser des montagnes de données et en déduire des modèles prédictifs. C'est ainsi que la Chine analyse et contrôle sa population pour en tirer de très nombreux enseignements pour ses scientifiques. Il en va de même avec les États-Unis qui, par le biais de leurs GAFAM analysent les big data qu'ils récoltent et augmentent ainsi leur pouvoir d'influence.

La dimension technologique est devenue déterminante aujourd'hui. Dans les dépenses militaires, bien entendu, il y a énormément d'investissements technologiques. Toutefois certains de ces investissements n'y sont pas comptabilisés alors qu'ils ne sont pas moins stratégiques en la matière. Car nous sommes entrés dans une ère de technologie globale, où il est aussi important de posséder les systèmes d'armement que de disposer de l'information la plus précise possible pour l'utiliser (réseau de satellites, maîtrise des réseaux d'information, etc.), comme d'avoir les outils et les équipes informatiques les plus avancés pour éviter que l'adversaire ne contre son action. On assiste donc à **l'émergence d'une véritable guerre technologique.** Elle se déroule sous nos yeux sans que le grand public en soit forcément conscient, ou du moins en prenne la pleine mesure. Pour s'en convaincre, Pékin a lancé en 2018 le plan « Made in China 2025 » dans lequel sont ciblés 10 secteurs prioritaires avec des objectifs de leadership : robotique, technologie de l'information, aviation et espace, équipements maritimes high-tech, transport ferroviaires, véhicules propres, équipements énergétiques, équipements agricoles, nouveaux matériaux, pharmacie et médecine[2].

---

1. Le dernier rapport du GIEC de 2022 parle d'un milliard de terriens menacés de devoir migrer en 2050.
2. https://afep.com/publications/la-nouvelle-mondialisation-du-plan-chine-2025/

Nous avons évoqué plus haut combien la limitation de l'arme nucléaire, si elle a pour objectif de préserver d'une guerre totale, aboutit également à figer une domination militaire de grandes nations technologiques. Est-ce que l'État ou l'entreprise qui maîtrisera l'ordinateur quantique ou l'intelligence artificielle partagera cette technologie déterminante ? Il y a fort à parier que non… On peut aussi imaginer que les États (ou les entreprises) qui maîtrisent les datas et les moyens d'accès à l'information, comme les plateformes, dictent leurs conditions au monde. Et nous pouvons bien imaginer que ceux qui ne disposeront pas de ces technologies majeures auront trois solutions : soit subir, soit se battre, soit les voler (cf. l'accélération exponentielle des attaques informatiques depuis quelques années).

Les États investissent de plus en plus dans la **cybersécurité**, comme dans son pendant, le cyber piratage. Et c'est aujourd'hui une course technologique à laquelle se livrent les États-Unis et la Chine[1].

Une réalité des cyberguerres et guerres de l'information qui devient « tangible » avec la guerre en Ukraine (Anne Beaufumé)

« L'espace numérique est devenu l'arène d'opérations informationnelles avec l'émergence de menaces de plus en plus hybrides »[2]. Qu'il s'agisse de convaincre de la légitimité de sa position et d'influencer les médias et opinions publiques par des « fake news » ou de détruire les moyens de transmission d'informations de ses « adversaires », de vraies batailles se livrent tous les jours dans le monde en utilisant la puissance des moyens numériques.

La guerre en Ukraine en offre une très bonne « illustration ».

1. D'autres pays ne sont pas en reste sur ces sujets. On pourra indépendamment citer l'Inde qui dispose du plus grand réservoir d'informaticiens du monde, Israël dans bien des domaines technologiques civils ou militaires, le Japon en robotique ou encore la Russie dans le domaine spatial…
2. Rapport Bronner : « Les lumières à l'ère numérique », 2022

Petite revue de presse des premières semaines de la guerre

« Le 24 février, jour de l'invasion de l'Ukraine par la Russie, un satellite de l'entreprise américaine Viasat a subi un « cyber-événement » causant une panne partielle de l'accès à internet chez les clients des opérateurs Nordnet (Orange) et Bigblu (Eutelsat), en Ukraine, en Allemagne, en France et ailleurs en Europe »[1].

***Quelques deux semaines après,** Cédric O a confirmé la **« forte présomption qu'il s'agissait d'une cyberattaque »** en soulignant lors d'une conférence de presse le 8 mars que **« La question satellitaire devient de plus en plus prégnante »**.*

18 février (juste avant l'invasion donc) : « Dans le grand jeu qui l'oppose à la Russie, le président américain a adopté une stratégie de révélations systématiques des informations classées secret-défense provenant des agences de renseignements américaines afin de damer le pion à Moscou »

https://www.courrierinternational.com/article/ukraine-entre-biden-et-poutine-la-bataille-de-linformation-fait-rage

2 mars : « Les entreprises et les administrations doivent être particulièrement vigilantes face aux éventuelles cyberattaques dans le contexte de l'invasion de l'Ukraine par la Russie, alerte l'Anssi. Elle vient de publier une série de recommandations à suivre, telles que l'instauration de l'authentification forte, la cartographie des systèmes, la mise en place d'un système de supervision des événements journalisés... ».

https://www.usine-digitale.fr/article/l-anssi-livre-ses-recommandations-de-cyberprotection-dans-le-cadre-du-conflit-ukrainien.N1790092

3 mars : « En plein conflit russo-ukrainien, la Commission européenne et le Conseil de l'Europe organisent un exercice cyber rassemblant plusieurs pays de l'Est et du Sud-Est (sauf l'Ukraine et la Biélorussie). Les 50 participants devront détecter et identifier des incidents cyber, leurs auteurs ainsi que suivre les produits du crime »

https://www.usine-digitale.fr/article/l-europe-organise-un-stress-test-pour-eprouver-la-resistance-des-etats-de-l-est-face-a-une-cyberattaque.N1790672

8 mars : « Dans le contexte de guerre en Ukraine, les États européens souhaitent renforcer leur stratégie de réponse et de protection face aux

1. Source : https://www.usine-digitale.fr/article/cybersecurite-resilience-des-reseaux-telecoms-la-strategie-de-l-ue-precipitee-par-la-guerre-en-ukraine.N1794487

cyberattaques. Le sujet de la sécurité et de la résilience des infrastructures télécoms est également brûlant ».

https://www.usine-digitale.fr/article/cybersecurite-resilience-des-reseaux-telecoms-la-strategie-de-l-ue-precipitee-par-la-guerre-en-ukraine.N1794487

15 mars : Que les initiatives viennent de la diaspora russe, des hackers proches d'Anonymous ou de citoyens du monde entier, la mobilisation pour contourner le rideau de la désinformation et de la censure en Russie trouve un bel élan grâce à des envois de SMS et d'appels directement aux Russes » https://www.franceinter.fr/monde/sms-telephone-email-comment-anonymous-et-la-diaspora-tentent-d-informer-les-russes-malgre-la-censure

Anonymous.
Photo Mohammad Hoseini Rad sur Unsplash

23 mars : « Anonymous pirate des imprimantes en Russie pour diffuser des messages anti-Poutine »

https://www.phonandroid.com/anonymous-pirate-des-imprimantes-en-russie-pour-diffuser-des-messages-anti-poutine.html

25 mars : « Anonymous, IT Army, Belarusian Cyber Partisans..., au travers de différents groupes, des milliers d'Ukrainiens prennent part à des attaques informatiques contre la Russie, relativement efficaces »

https://www.lemonde.fr/pixels/article/2022/03/25/guerre-en-ukraine-face-a-la-russie-les-cyberattaques-en-forme-de-cri-de-colere-d-une-armee-de-volontaires_6119064_4408996.html

30 mars : « Trolls anonymes, leaders complotistes ou comptes diplomatiques : depuis le début de l'invasion, une armée de voix défend coûte que coûte un contre-récit diabolisant l'Ukraine et glorifiant Vladimir Poutine ».

https://www.lemonde.fr/les-decodeurs/article/2022/03/30/guerre-en-ukraine-sur-les-reseaux-sociaux-ces-comptes-en-francais-qui-relaient-la-propagande-du-kremlin_6119724_4355770.html «

30 mars : « Grâce à Starlink, la société de satellites du milliardaire américain, les drones de l'armée ukrainienne parviennent à localiser précisément les chars russes ».

https://www.francetvinfo.fr/monde/europe/manifestations-en-ukraine/guerre-en-ukraine-elon-musk-apporte-son-aide-aux-drones-ukrainiens_5053252.html

---

Le risque de perte de souveraineté de l'Europe dans cette nouvelle « guerre froide numérique »

Le monde de la seconde moitié du XXe siècle s'est retrouvé à la suite de la Seconde Guerre mondiale déchiré par la **rivalité entre deux empires aux volontés hégémoniques antagonistes : le soviétique et l'américain.**

Ce fut la fameuse « Guerre froide », où la possession de part et d'autre de l'arme atomique a empêché une confrontation directe. Ces deux empires se sont donc se mesurés sur des théâtres d'opérations tiers : guerre de Corée, guerre du Vietnam, guerre au Nicaragua... Mais ces guerres ouvertes ne furent pas les seules plaies rougeoyantes à la surface du globe. Dans une logique de glacis protecteur, des pays ont été sacrifiés des deux côtés du rideau de fer. Et sous une écorce en apparence peu meurtrie, le pus s'est souvent installé à l'intérieur même des pays touchés : c'est le cas du Guatemala, du Chili, des dictatures sud-américaines en général. C'est également le cas des pays satellites soviétiques.

Dans le cadre nouveau de la rivalité entre les géants américain et chinois, l'Europe pourrait être le terrain de nouveaux affrontements par proxi (par intermédiaire). Parce qu'elle relève d'un enjeu stratégique moindre pour les USA dans le cadre de leur confrontation avec à la Chine.

Quand la lutte était menée contre l'Empire soviétique, l'Europe de l'Ouest représentait une position avancée du monde « libre », que les USA étaient prêts à défendre. Face à la Chine, l'Europe risque de devenir une espèce de variable d'ajustement ou une colonie « consommable » (telles ces colonies qui au XIXe et XXe siècle ont fourni aux belligérants de la « chair à canons ») plutôt qu'une position à défendre. Il y a donc un **risque de tiers-mondisation**

de l'Europe, l'Europe devenant un tiers-numérique dans le nouvel affrontement Est-Ouest, empire du Milieu contre empire américain.

La question de la souveraineté numérique européenne se pose ainsi se manière de plus en plus cruciale

Parmi les contributeurs de livre « La souveraineté numérique – Le concept, les enjeux »[1] Bernard Benhamou, secrétaire général de l'Institut de la Souveraineté numérique, pose d'emblée la bonne question : « **l'Europe, combien de divisions industrielles ?** ». Sa paraphrase de Staline (« Le Vatican, combien de divisions ? ») pointe directement l'insuffisance technologique européenne, mère de toutes les défaites. Il rappelle aussi l'arrogance du patron de Google, Eric Schmidt, quand ce dernier affirme que « Les États sont inefficients. Nous sommes efficaces, nous avons vocation à les remplacer ». Bernard Benhamou appelle de ses vœux un traité international sur les réseaux, à l'instar de la Convention des Nations Unis sur le droit de la mer.

Les Nations Unies, héritiers de la SDN, ont adopté une déclaration des droits humains dont on trouve les prémices dans les révolutions anglaises, américaine et françaises, qui ont toutes cherché à limiter les pouvoirs des oppresseurs. Cela a pris en France la forme de la « séparation des pouvoirs ». Montesquieu a proposé dans l'Esprit des lois une séparation des pouvoirs législatif, exécutif et judiciaire face aux abus de l'Ancien régime. **Ne faudrait-il pas envisager parallèlement une séparation des nouveaux pouvoirs « numériques » ?** N'attendons pas que ces nouveaux despotes abusent de leur position dominante. Nous acceptons actuellement une domination totale, car nous considérons que ces despotes sont aujourd'hui éclairés. Mais le risque qu'ils deviennent abusifs est réel. C'est un risque que nous ne pouvons pas prendre. Nous sommes donc face à une obligation de réinventer le contrat social du XXIe siècle. C'est le devoir

---

1. Livre collectif sous la direction de Pauline Türk et Christian Vallar, (Mare et Martin 2018). Voir la note de lecture : https://www.inter-ligere.fr/a-lire-la-souverainete-numerique-le-concept-les-enjeux-sous-la-direction-de-pauline-turk-et-christian-vallar/

de « notre génération »[1], née sans internet et qui laissera demain un monde très fortement numérisé. Si Barlow a rédigé la « Déclaration d'indépendance du cyberespace », il faut un nouveau Montesquieu pour créer le nouveau contrat cyber-social.

La métaphore révolutionnaire peut être filée facilement, car il est clair que l'Europe forme le tiers État numérique ! Les GAFAM sont la nouvelle aristocratie et les disciples de la Singularité forment le nouveau clergé. Leur mythologie socioéconomique ne sert qu'à justifier la domination des barons du numérique. La dîme, que nous autres paysans (ou prolétaires) numériques payons servilement, se prélève à la fois sous forme de temps de cerveau disponible et par l'alimentation de leurs outils d'intelligence artificielle. La famine numérique est bien sûr liée à la baisse de nos facultés cognitives que les experts dénoncent depuis maintenant quelques années.

Pourtant il semble que l'Europe pourrait mener un beau combat dans la promotion des Lumières numériques, couplée avec la construction d'une industrie numérique européenne solide (cf. plus loin la question de l'Europe nouveau modèle attractif).

1. L'expression « notre génération » figure ici tous ceux qui avaient 20 ans ou plus lors de la première phase de démocratisation du web.

Chapitre 10

Des GAFAM et BATX plus puissants que les États ?

L'idéologie dominatrice voire impérialiste des plateformes numériques nous apparaît aujourd'hui (a posteriori) assez clairement. Petit à petit les grandes plateformes du numérique ont récupéré à leur profit des missions et des services qui étaient auparavant répartis au sein de multiples entreprises et services de l'État. Ce qui fait dire à certains que nous allons passer d'États Nations à des États plateformes.

Pour Dominique Cardon[1], l'économie des plateformes numériques repose sur trois lois dont elles bénéficient : la loi des rendements croissants ; la loi des effets de réseau (plus il y a d'utilisateurs plus ce que je produis a de la valeur et plus baissent les couts de transaction) ; la loi « le vainqueur emporte tout » (« the winner takes all »). Ces trois lois conjuguées facilitent la création de monopoles. Qui vivent de l'analyses des données de leur client comme d'une véritable rente.

Les plateformes pratiquent ce que Casili et lui nomment la tacheronnisation ou le micro-travail[2]. Elles font réaliser à l'utilisateur des micro-tâches qui, prises indépendamment, sont indolores pour la personne, mais qui, cumulées, créent de la valeur pour elles.

---

1. « Culture numérique », Paris, Presses de Science-Po, 2019 / Voir la note de lecture https://www.inter-ligere.fr/a-lire-culture-numerique-de-dominique-cardon/
2. Qu'est-ce que le Digital Labor ? Dominique Cardon et Antonio Casill), Bry-sur-Marne, INA, coll. « Études et controverses », 2015

Sur ce dernier point, Dominique Cardon rappelle que **deux visions s'opposent**.

La première considère que les bénéfices individuels des internautes valent de jouer le jeu des plateformes. « Les externalités positives débordent toujours de la possibilité de leur récupération marchande (...) Le travail de cette multitude est toujours plus vif et plus dense que le capitalisme qui essaye de se l'approprier ».

La seconde est défendue par ceux qui « considèrent que toutes les activités numériques sont une mise au travail généralisée des internautes par les plateformes et qu'il n'existe pas d'échappatoire. (...) Être sur internet c'est participer à ce mécanisme, et c'est donc subir une forme d'exploitation (...). Sur internet, rien n'y fait, nous ne sommes que des produits ».

Derrière des algorithmes il y a des personnes et une vision. Celle des fondateurs de Google est sans doute la plus affirmée. Leur vision messianique est fort éloignée de notre idéal de vie. On peut se demander d'ailleurs si l'incitation à toujours plus d'exhibitionnisme numérique ne fait pas leur jeu et ne facilite pas la récupération des données. Sommes-nous les idiots utiles de leur volonté de construire une intelligence artificielle qui ne servira qu'eux ? Drôle de destin pour un moteur de recherche, qui est devenu moteur de recommandation de nos vies. Plus que nous informer, Google nous prescrit de plus en plus ce que nous devons faire et comment le faire.

Les géants du numérique, GAFAM en tête, privatisent nos données personnelles et derrière la récupération, le stockage, l'analyse et l'exploitation de nos données se cache un des enjeux majeurs du XXIe siècle. Car de **cette maîtrise de nos simples données peut déboucher une maîtrise culturelle, économique, sociologique, politique**... Bref une maitrise de la totalité des champs de la vie, et donc une maîtrise totalitaire. Si le numérique dévie vers de nouvelles dictatures, ce seront des dictatures de l'esprit.

Sur son compte satirique Twitter, un certain « Legrugru » (il se définit lui-même par cette belle maxime « les vieux cons ont l'avantage de l'expérience ») résume assez bien la situation :

Relevons que la bataille fait rage entre les GAFAM. Par exemple, en 2022 signalons dans le champ de la cybersécurité que, pour s'affirmer face au poids croissant de Microsoft (qui accumule depuis plusieurs années les « prises » de start-up spécialisées en matière de sécurité informatique), Google vient de racheter l'un des géants du secteur, Mandiant, pour 5,4 milliards de dollars[1].

Conclusion : la puissance technologique, facteur clef des rapports de forces

La "**guerre des technologies**" dans toutes ses acceptions fait donc rage et sera déterminante au niveau géopolitique, entre les entreprises et in fine entre les populations. Le rythme s'accélérant à tous les niveaux, nous assisterons sans doute à des retournements technologiques qui bouleverseront l'équilibre des alliances, des leaderships et de facto la puissance financière.

La géopolitique, la géostratégie et la géotechnologie sont au cœur de tous les arbitrages inter-États. Nous sommes entrés dans une période de grandes révolutions où à la fois la lutte pour le leadership mondial et les conséquences du dérèglement climatique vont ouvrir la voie à des bouleversements considérables impliquant des popu-

1. https://www.usine-digitale.fr/article/google-rachete-le-geant-de-la-cybersecurite-mandiant-pour-5-4-milliards-de-dollars.N1791712

lations gigantesques. La science ne sera évidemment pas la seule réponse. Ni l'économie. Ni la guerre nous l'espérons. Il faudra sans doute trouver un nouveau modèle.

Partie 4
De nouvelles menaces et défis pour nos vies quotidiennes

C'est une véritable révolution systémique qui s'engage sous nos yeux. Nous la « vivons », voire souvent nous y contribuons, et c'est ce qui en rend la conscience des enjeux, menaces et opportunité plus difficile, mais aussi plus nécessaire.
Jamais sans doute dans l'Histoire de l'Humanité nous n'avons connu ce rythme de changements et d'innovations ou découvertes. La plupart sont susceptibles d'avoir – et ont déjà – un impact sur nos vies quotidiennes, que ce soit **en tant que consommateur, citoyen, internaute ou travailleur**.
Il semble essentiel aujourd'hui de prendre la mesure de ces enjeux pour mieux comprendre comment exercer notre vigilance et lutter contre les menaces potentielles qu'ils recèlent pour nous en tant qu'individus.

Chapitre 11

Des (r)évolutions technologiques facteurs d'inégalités individuelles

Nous ne sommes pas tous « égaux » devant l'accélération du rythme des innovations technologiques (particulièrement celles du numérique, de la robotique ou des nanotechnologies). Le risque est d'assister à la mise en place d'une société à vitesses multiples, certains étant plus aptes à s'emparer de ces technologies et à les maîtriser à leur profit que d'autres, éventuellement même « exclus » de ces développements.

L'usage d'internet est certainement l'exemple le plus à même de nous permettre d'illustrer les clivages touchant cet accès au numérique, qui ne sont pas toujours ceux qu'on imagine.

Les études sur les usages d'internet réalisées depuis plus de 20 ans font régulièrement ressortir l'idée que **les critères discriminants sont l'âge, le niveau d'étude et-ou le niveau de revenu et l'habitat** : plus on est jeune, plus on vit dans de grandes villes, plus le niveau d'études et de revenus est élevé et plus on utilise internet.

La France présente de ce point de vue un modèle assez semblable à celui de la majorité des pays développés, et l'enquête INSEE de 2019 sur les technologies de l'information et de la communication confirme bien cela.

Comme l'on pouvait s'en douter**, l'âge et le niveau de diplôme de la population sont un facteur prédominant de discrimination à l'usage d'internet**.

En effet, si au cours des dix dernières années le taux d'équipement moyen des ménages est passé de 70 % à quasiment 90 %, pour autant, en 2019, plus de 8 personnes sur 10 de moins de 75 ans étaient équipées, quand moins de la moitié des 75 ans et plus l'était. Pour le niveau d'éducation, les personnes au minimum diplômées du bac étaient équipées en quasi-totalité quand les autres ne l'étaient que pour deux tiers d'entre elles.

L'un des usages clés d'internet tient à notre consommation et plus spécifiquement à l'échange de biens et de services et aux achats en ligne. Dans les trois derniers mois avant la clôture de l'étude de l'INSEE, en 2019, on observait de **très importants écarts pour les achats en ligne selon les tranches d'âges**. Ainsi, quand les trois quarts des trentenaires et quadragénaires y ont eu recours, en ce qui concerne les plus de 75 ans, les chiffres retombent à seulement 1 français sur 10. Ces écarts plus importants encore selon les âges que pour d'autres usages d'internet semblent être liés à un manque de confiance (voire une défiance) plus fort quand il est question d'argent chez les plus âgés.

L'étude de l'INSEE 2021 (les résultats sont parus en partie seulement début 2022 à l'heure où nous écrivons ces lignes) met en avant la **forte progression de l'usage d'internet depuis 2009** : on est passé de 65 % à 86 % de Français ayant utilisé internet au cours des trois derniers mois. Et **la progression la plus forte concerne les 75 ans et plus** : on est passé de 8 % à 41 % ! La part de ceux qui achètent sur internet est de 6 % en 2021 et a doublé depuis 2009.

Cependant, ces analyses (qui raisonnent sur des moyennes et en mettant souvent l'accent sur ce qui différencie les tranches d'âges) risquent de ne pas faire percevoir que le phénomène que l'on nomme depuis quelques années « **illectronisme** » **touche aussi… les plus jeunes**[1]**.**

1. Article intéressant sur ce sujet : https://www.lemonde.fr/les-decodeurs/article/2022/01/28/les-jeunes-francais-victimes-insoupconnees-de-la-precarite-numerique_6111324_4355770.html ou encore : https://www.lemonde.fr/economie/article/2021/09/07/illectronisme-les-laisses-pour-compte-du-tout-numerique_6093657_3234.html

Car même s'ils sont très « connectés » (94 % des 15-29 ans possèdent un smartphone en 2021 contre seulement 36 % des 75 ans et plus), l'étude INSEE 2019 révélait déjà que bien que 97,2 % d'entre eux se soient connectés à internet au moins une fois dans l'année ils sont aussi **ceux qui fréquentent le moins les sites administratifs** : en 2019, 27 % des jeunes ne s'y sont pas connectés, contre 11,3 % des 30-44 ans et 15,3 % des 75 ans et plus.

Nombre d'études qualitatives et d'observateurs des populations « jeunes » alertent ainsi depuis quelques années sur un phénomène inquiétant : **certains des plus jeunes apparaissent comme fortement démunis pour bon nombre d'usages que l'on pourrait qualifier de « professionnels »** (échanger par mail, remplir des formulaires administratifs, utiliser un tableur ou un traitement de texte...). Car leurs utilisations du numérique dominantes sont liées à la sphère de la vie privée (jeux, messageries instantanées, réseaux sociaux, achats en ligne). Ils manquent ainsi de compétences numériques qui les défavorisent fortement, notamment dans l'accès à l'emploi.

Les inégalités au sein des Français « connectés » ne doivent pas non plus faire oublier qu'il existe de **fortes inégalités entre pays**. En 2020, dans le monde, on comptait 4,6 milliards d'utilisateurs d'internet. Selon l'Union Internationale des Télécommunications (UIT), **les ménages urbains sur la planète ont en 2019 globalement presque deux fois plus d'accès à internet que ceux qui vivent dans les zones rurales.** Cet écart s'accroît d'ailleurs si l'on est en milieu rural dans les pays en développement. Les pays d'Afrique et d'Asie centrale sont les régions qui ont été confrontées au plus grand écart en 2019, alors que, respectivement, un quart et un dixième de leur population n'y disposaient pas du moindre accès à un réseau mobile à large bande.

Dans 10 ans, la quasi-totalité de l'humanité sera connectée selon Guillaume Pitron[1]. Cela s'explique notamment par la mise en œuvre d'actions massives des gouvernements ou le développement par des

1. Auteur de « L'enfer numérique », éditions Les Liens qui Libèrent, 2021

entreprises privées de réseaux de satellites de plus en plus nombreux. On citera par exemple le projet Starlink de Space X (Elon Musk) avec à terme 42 000 satellites destinés à offrir un service haut débit partout sur la planète, particulièrement dans les zones les moins peuplées.[1]

Les technologies ne se limitent évidemment pas à l'accès à internet. Toutes les autres technologies soulèvent les mêmes questions d'exclusion potentielle de certaines populations plus démunies. Qui aura accès à des implants et prothèses artificielles pour mieux voir, pour marcher sans fatigue, porter des charges ? Qui pourra régénérer ses cellules pour vivre beaucoup plus longtemps ? Qui aura accès à la connaissance illimitée via des implants cérébraux ?

Comme depuis les débuts de l'Humanité, de fortes inégalités subsisteront fatalement entre les populations (individus comme pays). Les « innovations technologiques » sont souvent privatisées dans un premier temps par ceux qui les découvrent, ceux qui ont le pouvoir ou ceux qui ont l'argent. Nous l'avons vu pour le Covid-19 : certains pays ont été maîtres de leur santé publique en découvrant leur propre vaccin. Puis certains avaient les moyens de l'acheter ou pouvaient faire pression pour obtenir les brevets de fabrication ou des doses…

1. Nous pouvons voir d'ailleurs qu'Elon Musk a déployé Starlink au-dessus de l'Ukraine depuis le début de la guerre en en faisant un élément stratégique pour la guerre de l'information.

Chapitre 12

Une information et des connaissances illimitées : effets pervers et nouveaux enjeux

Enjeu de notre capacité à accéder aux connaissances et informations « utiles »

Internet a-t-il facilité notre accès aux informations, aux savoirs ou aux connaissances ? La réponse est bien sûr positive, mais doit être relativisée. Car si évidemment on peut trouver en quelques clics énormément de documents cela ne signifie pas que cette mise à disposition nous rende leur acquisition facile.

Pour ce qui est de la richesse accessible, nous sommes tous d'accord. Imaginons par exemple que nous voulions consulter la bible de Gutenberg : quelques clics sur un moteur de recherche nous amèneront à la bibliothèque en ligne Gallica et à ses très beaux ouvrages numérisés[1]. Notamment la bible de Gutenberg.

Pour ce qui est de **l'utilité des « informations » trouvées**, il suffit de faire une analogie alimentaire pour se rendre compte du problème. Imaginons une immense table garnie de victuailles devant nous. Est-ce que cette vision nous nourrit ? Certainement pas ! Pour en retirer de l'énergie, il faut se saisir de quelques aliments, les mas-

---

1. Bible du Gutenberg https://gallica.bnf.fr/ark:/12148/bpt6k9912811/f5.item

tiquer et les digérer. Leur seule vue n'a pas d'impact sur notre apport énergétique. Notre corps doit les synthétiser, ce qui demande pas mal d'énergie.

Il en va de même pour les informations. Le web est une immense table de victuailles informationnelles. Leur mise à disposition ne nous nourrit en aucun cas « en soi » sur le plan intellectuel. Il faut les lire, les écouter ou les voir. Il faut donc – a minima – y passer du temps. Et puis il faut comprendre. Qui parmi vous a déjà essayé de lire un article sur la théorie de la relativité restreinte d'Einstein (hormis les physiciens, évidemment) ? Ce n'est pas évident, même pour une bonne vulgarisation comme celle du CEA[1]. Il faut en plus du temps, de la concentration et de la capacité d'analyse.

Et c'est là que le bât blesse. Internet s'est développé comme un outil gratuit. Et toutes les grandes structures du web se financent sur le modèle de la régie publicitaire : **l'utilisation gratuite de leurs services contre notre attention et nos données personnelles.** Par exemple, plus nous restons sur le moteur de recherche Google, plus nous faisons des recherches, plus nous risquons de cliquer sur un lien sponsorisé, et plus nous donnons des informations sur ce qui nous intéresse. C'est grâce à ce petit jeu que Google engrange un chiffre d'affaires de 257,6 Md$ en 2021[2]. Si l'on voulait filer la métaphore de la nourriture, nous pourrions dire que la table est remplie de mets nourrissants et bons pour notre santé, mais aussi de sucreries délicieuses, bien trop caloriques et même parfois dangereuses pour notre santé. Difficile de ne pas craquer, de ne pas sacrifier le long terme pour le plaisir immédiat. Donc notre attention est sans cesse capturée par des outils numériques, et notre capacité de concentration est de plus en plus difficile à protéger.

Par ailleurs, comme nous avons toutes les informations à dispo-

1. À lire ici https://www.cea.fr/comprendre/Pages/physique-chimie/essentiel-sur-principe-relativite.aspx
2. https://www.webrankinfo.com/dossiers/google/chiffres-cles

sition, nous pourrions légitimement nous demander pourquoi nous contraindre à les apprendre, à les retenir.

Il en résulte qu'internet et le web, malgré une mise à disposition sans précédent d'informations passionnantes, est surtout utilisé aujourd'hui pour regarder du porno et voir des ados se pavaner sur Tiktok. Pour preuve : 25 % de toutes les requêtes des moteurs de recherche sont en relation avec la pornographie[1]. Et TikTok est devenu en ce décembre 2021 officiellement le site le plus consulté au monde en 2021, devant Google[2].

Enjeu de notre attention et émergence de « pathologies numériques »

Une véritable compétition se développe pour capturer notre attention. Ce combat de l'attention est très bien décrit dans « La civilisation du poisson rouge – Petit traité sur le marché de l'attention », de Bruno Patino[3] et nous alerte sur les effets insidieux qui nous menacent.

Bruno Patino ouvre son livre sur plusieurs constats étonnants : un poisson rouge aurait une mémoire de 8 secondes. Mais ne nous moquons pas, car un internaute actuel aurait une mémoire de 9 secondes… Soit une de plus ! « Nous sommes devenus des poissons rouges, enfermés dans le bocal de nos écrans, soumis au manège de nos alertes et de nos messages instantanés ». Allons plus loin : les jeunes Américains passent 5 h par jour devant un écran pour se divertir. La peur de rater un message la nuit trouble le sommeil de ceux que l'on appelle désormais les « dormeurs sentinelles ».

---

1. Pour d'autres statistiques sur la pornographie numérique https://www.topito.com/top-statistiques-insolites-pornographie-internet
2. https://www.lesnumeriques.com/vie-du-net/tiktok-devient-le-site-le-plus-consulte-au-monde-en-2021-devant-google-n173375.html
3. Note de lecture : https://www.inter-ligere.fr/a-lire-la-civilisation-du-poisson-rouge-de-bruno-patino-notes-1-2/

Les internautes du XXIe siècle ont ainsi développé de **véritables addictions**. Et d'abord aux écrans dont la consommation augmente régulièrement. Nous avons une accoutumance toujours grandissante à nos doses d'écrans, et l'on en veut toujours plus. Il intitule « compulsion » le fait que nous ne puissions résister à notre piqure numérique. Et pour finir ce tableau, il nomme « assuétude » le fait que cette servitude prenne de plus en plus de place dans nos vies.

Les coupables de ces troubles sont vite désignés : « cet effondrement de l'information est la conséquence première du régime économique choisi par les géants de l'information ».

Tout est bon pour eux afin de capter notre attention et **les plateformes n'hésitent pas à faire appel à la psychologie comportementale pour nous aliéner**. Bruno Patino cite les travaux de Burrhus Skinner qui a mis « en lumière le biais comportemental que produisent les **systèmes de récompenses aléatoires**. Loin de faire naitre la distance ou le découragement, l'incertitude produit une compulsion qui se transforme en addiction (…) certaines plateformes numériques mettent en œuvre des mécanismes similaires, en captant l'attention des utilisateurs par un système de récompense aléatoire, dont l'effet sur ceux qui y cèdent est comparable à celui des machines à sous ». L'auteur évoque la théorie de la complétude, **ou effet Zeigarnik, qui fait que tant que l'on n'a pas le sentiment d'avoir fini quelque chose on ressent une incomplétude**. C'est sur cet aspect que joue par exemple Netflix en faisant avaler à ses spectateurs des épisodes en série. Enfin la théorie de l'expérience optimale, fait que l'on se voit proposer des jeux qui

B.F. Skinner à Harvard vers 1950.
Source Wikipedia.

correspondent parfaitement à notre niveau. Candy Crush en est un bon exemple. Un des enjeux fondamentaux est la **protection de notre temps de cerveau disponible**, dont la reconquête doit être une priorité pour chacun d'entre nous[1].[2].

Le danger d'une relation au réel « pervertie »

Le mot télévision est formé du préfixe grec télé (pour « loin », « à distance ») et vision pour voir. Une télévision sert donc à regarder ce qui se passe loin de nous. Or dans bien des cas, notre télévision nous sert à visionner des choses qui sont au plus près de nous. De la même manière, on pourrait se demander si internet, littéralement interconnexion de réseaux, ne nous sert pas finalement à nous regarder le nombril. En effet **les risques d'enfermement et d'éloignement de la réalité sont nombreux**. Dressons le panorama de ces différents éléments qui nous éloignent du réel.

Le phénomène de **bulle de filtre** a été initialement proposé par Elie Pariser[3]. Selon ce militant pour les droits numériques, notre navigation finirait par nous auto-intoxiquer. Explications : lorsque l'on navigue sur internet, notre navigateur se charge de lignes de codes qui témoignent de nos choix. C'est ce que nos amis américains ont popularisé sous l'appellation rigolote de « cookies », mais que les défenseurs des libertés numériques appellent plutôt des mouchards.

Consultez-vous régulièrement des sites de poésie, par exemple sur Baudelaire, ou des sites sur les trains ? Selon ce que vous préférez, lorsque vous rechercherez le mot « correspondances » vous trouverez le poète ou la SNCF. C'est aussi simple que cela. Si d'un premier abord on peut trouver cette personnalisation positive, il

1. « Maîtrisez internet… avant qu'internet ne nous maîtrise ». Jérôme Bondu, 2020.
2. Pour acheter le livre https://www.inter-ligere.fr/produit/maitrisez-internet-avant-quinternet-ne-vous-maitrise/
3. https://fr.wikipedia.org/wiki/Eli_Pariser

faut se projeter au-delà d'un confort immédiat. Ainsi, le raciste aura des résultats qui correspondent à ses visions xénophobes, et risque de s'enfermer dans sa vision négative du monde. On est donc loin de la vision idéalisée d'un John Perry Barlow avec la déclaration d'indépendance du cyberspace[1].

Le phénomène corollaire est celui de la **polarisation des groupes**. Prenons un groupe de discussion sur Facebook. Imaginons que la plupart des membres de ce groupe se situent politiquement à droite. Et certains membres carrément à l'extrême droite. On parle « d'effet de polarisation » quand **un groupe prend des décisions qui sont plus radicales que la moyenne des positions individuelles**.

Il pourra se rajouter un « effet de cascade », qui fait que les indécis vont suivre l'avis des bons communicants du groupe. Ce suivisme va éviter le « coût social » que subissent les contestataires. Il y aura certainement dans ce groupe une « méfiance envers l'expertise », et notamment l'expertise scientifique. Pour clore le tout, il y aura enfin **une surpondération et survalorisation des ressentis** au détriment de l'analyse. Internet met ainsi à bas ce que l'on a appelé la sagesse des foules et contribue à un éloignement du réel.

Il est intéressant d'évoquer ici un extrait du rapport du Conseil économique, social et environnemental publié en mars 2019 et intitulé « Pour une politique de souveraineté européenne du numérique ».[2] Le travail a été mené par Benoît Thieulin (rapporteur) au nom de la Section des affaires européennes et internationales. Les travaux ont notamment mis en exergue les manipulations de Facebook. L'entreprise Facebook se serait ainsi livrée en 2012 à une expérience consistant à modifier le fil d'actualité de 700 000 utilisateurs et utilisatrices, sans les en informer, de manière à mettre en avant des contenus susceptibles d'influencer leur humeur : l'étude concluait que « les utilisateurs ciblés commençaient à utiliser davan-

1. https://fr.wikipedia.org/wiki/D%C3%A9claration_d%27ind%C3%A9pendance_du_cyberespace
2. Voir la note de lecture https://www.inter-ligere.fr/cartographie-des-avis-du-rapport-thieulin-politique-de-souverainete-europeenne-du-numerique/

tage de mots négatifs ou positifs selon la nature des contenus auxquels ils avaient été exposés. L'objectif de captation des données et des traces attentionnelles, dans un contexte de forte concurrence entre les plateformes, conduit en effet celles-ci à développer des stratégies visant à influencer psychologiquement leurs utilisateurs et utilisatrices et à maximiser leur présence sur les réseaux ».

D'autres algorithmes de hiérarchisation sont conçus dans le but de capter l'attention au détriment de la qualité de l'information, voire du bien-être de l'utilisateur ou de l'utilisatrice. Dans un rapport au Premier ministre du 20 septembre 2018, il est ainsi constaté qu'avait pu se tisser « un lien pervers entre propos haineux et impact publicitaire : les personnes tenant des propos choquants ou extrémistes sont celles qui "rapportent" le plus, car ce sont celles qui vont engendrer le plus de réactions, positives ou négatives. Sous cet angle, l'intérêt financier des réseaux sociaux est d'en héberger le plus possible ».

Le développement des médias sociaux a vu dans son sillage émerger de nouveaux problèmes relationnels. On peut citer le phénomène d'exhibitionnisme numérique, qui fait que les jeunes (mais pas qu'eux) se dévoilent, au propre ou au figuré, sur les médias sociaux. Une conséquence grave de cette tendance est le phénomène de harcèlement numérique qui peut en résulter.

On assiste aussi à un éloignement de la nature et une forme de techno-optimisme. Un cas qui semble très emblématique est incarné par la diffusion sur Twitter d'idées hypersophistiquées pour capturer le carbone. Un échange illustre bien le sujet : Elon Musk va investir 100 millions de dollars dans une technologie qui aspire le CO_2 dans l'air… Sauf que l'arbre fait déjà cela très bien !

Le développement des « infox »

Cet éloignement du réel se conjugue avec un éloignement des informations vraies, ou du moins un phénomène de diffusion croissante de ce qu'on nomme en anglais les « **fake news** », les fausses informations ou « infox ». Même si la fabrique du faux n'est pas un phénomène nouveau le développement actuel des infox est favorisé par la masse des informations dans laquelle nous baignons et les possibilités de « manipuler » le réel.

Les fausses rumeurs et manipulations d'information ont toujours été une arme prisée dans les querelles de pouvoir : de la dépêche d'Ems[1] (qui a enclenché l'invasion de la France par la Prusse en 1870) au faux attentat de Moukden[2] (qui a enclenché l'invasion de la Mandchourie par les Japonais en 1935), ou encore par le récent faux témoignage de Nahira (qui a enclenché l'invasion de l'Irak en 1991), **l'histoire abonde d'exemples de fabrication du « faux »**.

Mais le développement du numérique a accéléré le phénomène. Et les derniers progrès en IA, avec l'apparition (et le développement probable à venir) des « deepfakes » (enregistrement vidéo ou audio réalisé ou modifié grâce à l'intelligence artificielle) va encore alimenter cette diffusion de « faux » en permettant des **manipulations de plus en plus performantes**[3].

Nous avons été nombreux à avoir regardé, mi-médusés mi-amusés, le deepfake mettant en scène Barack Obama[4]. Et comme le dit le comédien qui prête sa voix à l'ancien président : « nous vivons des temps qui pourraient être dangereux ».

L'enjeu est donc de ne pas se laisser manipuler par les infox en tout genre. Comprendre qu'elles existent et saisir les raisons de leur développement nous permet déjà de mieux y « résister ».

Dans son livre « Décoder l'info – comment décrypter les fake

---

1. https://fr.wikipedia.org/wiki/D%C3%A9p%C3%AAche_d%27Ems
2. https://fr.wikipedia.org/wiki/Incident_de_Mukden
3. https://www.journaldunet.fr/web-tech/guide-de-l-intelligence-artificielle/1501331-deep-fake/
4. Pour une première appréhension du phénomène on pourra regarder cette vidéo de France TV Info https://www.francetvinfo.fr/economie/medias/video-obama-insulte-trump-le-pape-fait-de-la-magie-complement-d-enquete-explique-les-deep-fakes_3190141.html ou la vidéo en anglais https://www.youtube.com/watch?v=cQ54GDm1eL0&t=6s

news ? »[1] Caroline Faillet présente **quatre grands facteurs accélérateurs de leur diffusion.**

Tout d'abord, la démocratisation de la publication en ligne a contribué à faire sauter les filtres classiques (qu'assuraient par exemple les journalistes – que Gérald Bronner appelle les « gate keepers »). Même le domaine scientifique, que l'on aurait pu croire préservé, est touché par cette disparition des filtres. Caroline Faillet cite le cas du chercheur en informatique Antkare qui, par des publications automatisées (et factices), a réussi à gagner une popularité scientifique incroyablement rapide.

Deuxièmement, **les relais dans les médias sociaux sont encouragés et facilités.** Une étude de juin 2016 montrait que 70 % des articles commentés sur Facebook le sont après la simple lecture du titre. La force des médias sociaux qui est de donner une part de voix à tout un chacun peut aussi induire des effets de bords. Le manque de recul critique, une forme de naïveté, une propension à diffuser ce qui est étonnant, une envie de se mettre en avant en diffusant une information originale, tout cela forme un cocktail délétère. C'est une des externalités négatives du web 2.0.

De plus, la **légitimation du faux va se faire via les médias classiques** selon deux travers bien connus. D'abord, il vaut mieux parler d'un sujet avant les autres (les autres étant les concurrents journalistes), quitte à se rétracter par la suite. Suivant l'adage qu'une information et un démenti… cela fait deux articles ! On peut y voir une application du dilemme du prisonnier[2]. L'auteur parle « d'un blanchiment de l'information sale ». Ensuite, parce que **donner une voix égale, dans une logique démocratique, à des opinions contradictoires peut minorer la juste place de la « vérité ».** La recherche d'audience peut passer par la création de la controverse, et donc

1. Voire la note de lecture https://www.inter-ligere.fr/decrypter-fake-news/
2. Le dilemme du prisonnier caractérise en théorie des jeux une situation où deux joueurs auraient intérêt à coopérer, mais où, en l'absence de communication entre les deux joueurs, chacun choisira de trahir l'autre si le jeu n'est joué qu'une fois.

encore une fois par une promotion du faux. Sans compter que les visions ou arguments anxiogènes ont plus de prise ou de place dans notre mémoire.

Enfin, d'autres phénomènes complémentaires sont en jeu qui amplifient le phénomène : la loi de « l'acceptabilité sociale » ou de la « démocratie de l'opinion », poussent parfois les contenus hétérodoxes. Le principe de précaution incite à prendre en compte tous les versants d'un sujet.

Le très récent rapport de la commission Bronner intitulé « *Les Lumières à l'ère numérique* », publié le 11 janvier 2022, dresse un état des lieux de la désinformation sur les réseaux sociaux. Ce rapport présente une synthèse des « désordres informationnels » à l'ère numérique et des « perturbations de la vie démocratique » qu'ils engendrent. Nous verrons plus loin (car nous ne sommes néanmoins pas complètement démunis des moyens de lutter contre ces infox...) quelles sont les principales propositions qu'il fait pour lutter contre ce phénomène.

Chapitre 13

« Les pouvoirs » immenses du big data que nous alimentons nous-mêmes

Au-delà de l'infrastructure, de gigantesques quantités de données sont stockées, manipulées et analysées, créant une valeur considérable pour leurs propriétaires. La valeur cachée du « big data » est immense.

Une excellente définition de celui-ci est donnée par le magazine Futura : « Les big data ou mégadonnées désignent l'ensemble des données numériques produites par l'utilisation des nouvelles technologies à des fins personnelles ou professionnelles. Cela recoupe les données d'entreprise (courriels, documents, bases de données, historiques de processeurs métiers...) aussi bien que des données issues de capteurs, des contenus publiés sur le web (images, vidéos, sons, textes), des transactions de commerce électronique, des échanges sur les réseaux sociaux, des données transmises par les objets connectés (étiquettes électroniques, compteurs intelligents, smartphones...), des données géolocalisées, etc. » Ce qu'on pourrait résumer par toutes les « données » que l'on fournit soi-même en utilisant les outils numériques.

Est-on vraiment conscients de tout ce qu'on peut faire quand on est maître de ce « big data » ?

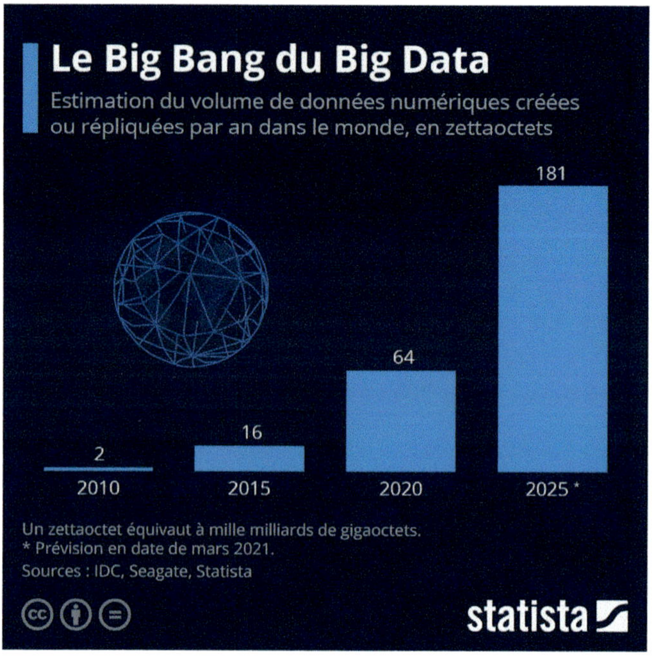

Ancien salarié de Google, Seth Stephens-Davidowitz a fait une analyse approfondie des milliards de requêtes effectuées par les internautes du monde entier sur son moteur de recherche. Et dans son livre « Tout le monde ment (et vous aussi !) », il nous donne un aperçu assez fascinant de ce que le big data apporte à une société comme Google[1]. Pour lui le big data offre de formidables nouveaux « jeux de données », d'une qualité sans précédent.

Grâce aux requêtes sur Google, on peut obtenir des résultats permettant d'apprécier un phénomène/comportement, et cela même s'il n'est pas expressément présent dans la requête. Par exemple, une bonne manière d'estimer les taux de chômage réels est de mesurer les requêtes portant sur un dérivatif… par exemple le fait de rechercher avec Google du porno (oups). En effet, un chômeur seul chez lui sera plus enclin à faire ce type de recherche. Des différentes variables

1. Voire la note de lecture https://www.inter-ligere.fr/tout-le-monde-ment-1/

analysées, explique l'auteur, cette dernière est certainement une des plus pertinentes. Eh bien, cela est un nouveau jeu de données pour analyser le chômage réel d'une ville, d'une région ou d'un pays !

Il est aussi possible, par des requêtes de tonalité, « d'estimer chaque jour le bonheur national brut d'un pays ». Il explique que par l'analyse des mots-clés d'un premier rendez-vous amoureux entre deux personnes, il peut prédire avec une bonne exactitude si les personnes vont se revoir. L'auteur de « Tout le monde ment » se réjouit que les données soient maintenant conservées et utilisables par les ordinateurs. On peut se réjouir pour lui. Mais surtout pour Google, grand gagnant de toute cette affaire.

Le grand intérêt du big data est en effet de fournir des données « sincères ». Les mots employés, tout comme les clics, les liens, les fautes de frappe… sont des données exploitables **Tout est « donnée » et peut permettre de comprendre la réalité sans biais.** L'auteur explique par exemple que tester sur l'outil Ngram Viewer de Google[1] « the United States are » et « the United States is », lui permet d'estimer à quel moment le sentiment d'unité nationale est supérieur au sentiment de pluralité des États.

Est-ce que les données de Google sont meilleures que celles qui sont issues de sondages ? Pour Seth Stephens-Davidowitz les **sondages donnent des résultats bien moins fiables,** car l'interviewé tombe sous ce que l'on appelle « le biais de désirabilité sociale », c'est-à-dire la tendance qu'ont les individus à vouloir se présenter sous un jour favorable à travers les réponses qu'ils donnent quand on les interroge par voie de sondage. Plus les conditions d'interrogation sont impersonnelles, moins les résultats sont pervertis par ce biais. Or quoi de plus impersonnel qu'un écran (qui ne pose pas de question alors que nous lui fournissons des réponses à travers nos propres recherches/requêtes) ?

Pour Stephens-Davidowitz « Même si vous mentez à vous-même, Google peut néanmoins connaitre votre vérité ». Google détient « le

1. https://fr.wikipedia.org/wiki/Ngram_Viewer

sérum de vérité numérique ». Il qualifie Google de véritable « **confessionnal numérique** ».

Ainsi, dans la partie de son livre où il traite de « La vérité sur la maltraitance infantile et l'avortement » est extrêmement révélatrice de la capacité des big data (et très poignante). Il démontre grâce à la fluctuation des requêtes « maman me bat » ou « papa m'a frappé » que les statistiques officielles sur la maltraitance infantile peuvent être loin du compte. C'est choquant, mais il faut le lire pour comprendre à quel point Google est de ce point de vue un nouveau démiurge.

Un autre des exemples les plus intéressants qu'il cite porte sur l'impact des films violents sur la criminalité. Les statistiques officielles prouvent qu'il y a une baisse de la criminalité les weekends de sortie de films violents. Une analyse fine du big data permet de comprendre le phénomène : un film violent a beaucoup de chance d'attirer des spectateurs violents. Ces derniers vont donc rester assis de 20 h à 23 h sans boire d'alcool. Ils vont en ressortir « calmés » pour un temps. Et quand bien même ils boiraient à la sortie du ciné, le temps d'incubation de l'alcool va repousser les actes délictueux... Par contre lors de leur prochaine virée entre copains, l'alcool aidant, ils seront plus violents que s'ils n'avaient pas vu le film. Conclusion, la violence des films a bien un impact négatif, mais décalé dans le temps !

En fait, nous avons tous « un profil numérique » et des cohortes de personnes nous ressemblent. L'analyse de nos doubles numériques (ou « doppelgängers ») peut permettre d'anticiper (et donc de se donner les moyens d'influencer) nos prises de position ou nos choix personnels.

Beaucoup d'entreprises utilisent ce système pour améliorer leurs offres. C'est ce que fait Amazon quand il nous propose des livres qu'un de nos « doubles numériques » a aimé ! Et c'est certainement ce que va faire de plus en plus la médecine en nous proposant des traitements que nos « doubles numériques » ont bien supportés. Mais ce système de « profilage » peut aussi être utilisé pour influencer un vote...

Au-delà des corrélations, le **big data nous permet de rechercher des causalités.** Et une partie essentielle de son ouvrage concerne l'explication des **expériences randomisées** (pardon pour l'anglicisme... c'est ainsi qu'on appelle aussi en France des expériences menées sur deux groupes de gens aux mêmes caractéristiques et choisis aléatoirement[1] pour tester l'efficacité d'un « traitement », en administrant celui-ci à un groupe, un placebo à l'autre et en en comparant les effets), qu'on appelle souvent tests A/B.

---

1. https://www.futura-sciences.com/sante/definitions/medecine-etude-randomisee-3337/ ou encore https://fr.wikipedia.org/wiki/Essai_randomis%C3%A9_contr%C3%B4l%C3%A9

Extrait : « Dans le monde digital, les expériences randomisées peuvent être rapides et peu couteuses. Inutile de recruter et de rémunérer des participants. (...) Inutile de faire remplir des questionnaires aux utilisateurs. (...) Inutile de contacter qui que ce soit. Vous n'avez même pas besoin d'informer les utilisateurs qu'ils participent à une expérience. Tel est le pouvoir du big data : il facilite beaucoup la réalisation d'expériences randomisés, qui permettent de détecter de vraies causalités, à tout moment, presque n'importe où, pourvu que l'on soit en ligne. À l'ère du big data, le monde entier est un labo » écrit-il.

Et inutile de rajouter que les GAFAM profitent à plein de cette manne : « En 2011, les ingénieurs de Google ont effectué sept-mille tests A/B. Et leur nombre progresse sans cesse. » « Facebook effectue aujourd'hui un millier de tests A/B par jour. Ce qui signifie qu'un petit nombre d'ingénieurs y lancent **en une seule journée plus d'expériences randomisées et contrôlées que toute l'industrie pharmaceutique en une année entière** ». Obama a d'ailleurs fait un grand usage de ces tests pour améliorer sa campagne.

L'auteur répond aussi à cette question lancinante : d'où vient notre addiction à l'écran ? Il répond sans détour « De l'autre côté de l'écran, il y a un millier de gens dont le métier est de mettre à bas notre autodiscipline ».

Effet aggravant : la collaboration de Google, et des GAFAM en général, avec la NSA est avérée. Pour ceux à qui il faudrait une preuve de plus : en 2015 Google a donné à la centrale de renseignement les comptes de trois membres de Wikileaks[1]. En outre le gouvernement américain lui demande de surveiller 1000 à 2000 comptes par an. Google devient donc clairement un auxiliaire de la sécurité américaine. Loin de l'image d'entreprise sympathique qu'elle donne à travers son marketing (peut-être pour contrebalancer sa crainte ultime : que le grand public la voit pour ce qu'elle est, le Big Brother des temps modernes ?).

---

1. Cité par Christine Kerdellant « Dans la Google du loup » Voire la note de lecture https://www.inter-ligere.fr/a-lire-dans-la-google-du-loup-de-christine-kerdellant-notes-2-2/

Seth Stephens-Davidowitz peut clairement être qualifié de « technosolutionniste » quand il livre sa pensée sur le big data : « Les données des recherches Google ouvrent une fenêtre sans précédent sur les coins les plus sombres du psychisme humain. (...) Mais nos possibilités peuvent aussi en être renforcées. Les données peuvent servir à combattre les ténèbres. Le premier pas vers la solution des problèmes mondiaux consiste à réunir beaucoup de données pour les connaître ». C'est – pratiquement mot pour mot – le crédo de la Silicon Valley : l'informatique est le problème, mais est aussi la solution...

Dans son ouvrage « Géopolitique des données numériques » (2019) Amaël Cattaruzza conclut sur l'idée du **data power**, continuation du hard power, du soft power et du smart power...

On ne peut plus en douter maintenant, ce data power ou la maîtrise du big data est, sur de nombreux plans (liberté individuelle, indépendance collective, géopolitique...), un enjeu majeur.

Chapitre 14

Quel avenir pour le « travail » ?

Les enjeux économico-sociétaux de la révolution en cours sont importants quand on voit combien certains des vrais bouleversements à l'œuvre peuvent toucher l'un des pans essentiels de notre vie quotidienne : notre « travail ».

La dystopie d'une quatrième révolution industrielle qui n'aurait plus besoin des humains

Depuis la première révolution industrielle, le monde du travail a considérablement évolué sous l'impact des révolutions technologiques successives. Plusieurs étapes ont vu la société passer d'un monde essentiellement agraire et artisanal à une société industrielle et de services.

Insensiblement, les trois premières révolutions industrielles ont amené progressivement l'Homme d'une place centrale et indispensable dans la logique de production à un élément secondaire. Des avantages évidents pour lui en ont résulté, que ce soit en termes d'amélioration réelle des « conditions de travail » comme en termes d'accroissement du temps libre (corollaire de la diminution du temps de travail).

Mais que se passerait-il si demain il devenait totalement inutile ? C'est la question que l'on peut se poser avec Klaus Schwab, fondateur du forum économique mondial et auteur de « 4e révolution industrielle »[1].

Quelles seraient les caractéristiques de cette quatrième révolution industrielle ? Il pourrait s'agir de l'apparition d'usines intelligentes, connectant ressources, robots, objets et personnes entre elles via un réseau distribué et flexible organisé par une intelligence artificielle. À cela s'ajouterait une compréhension des besoins en temps réel (et même prédictive), toujours centralisée par une intelligence artificielle, utilisant le big data et le cloud. Les réseaux de production seraient couplés à un réseau de distribution physique organisé autour de drones, de véhicules autonomes et de robots.

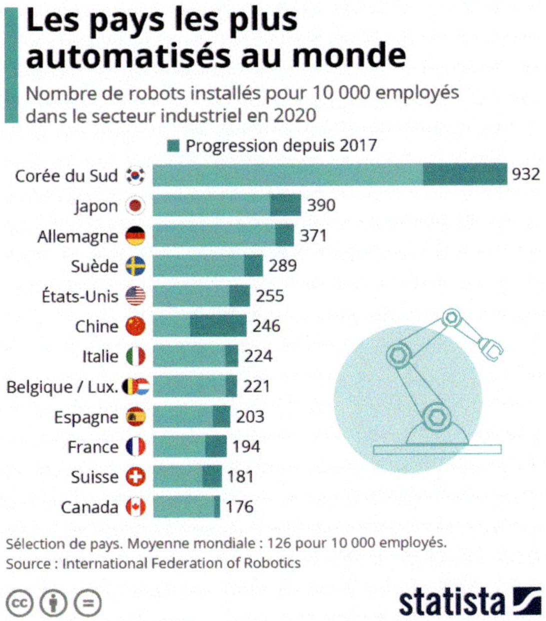

1. Dunod 2016

Si nous nous plaçons dans cette perspective, l'enjeu pour la société serait donc majeur, tant au niveau de la production qu'au niveau psychologique. Car **on se retrouverait in fine dans un monde où les robots remplaceraient l'Homme et où ce dernier pourrait bien ne plus "servir" du tout** (scénario auxquels aboutissent les tenants du « transhumanisme »)…

Bien sûr, les conditions ne sont absolument pas réunies aujourd'hui pour que cette quatrième révolution-là advienne. Cela nécessiterait notamment que la société puisse bénéficier à brève ou moyenne échéance d'une quantité d'énergie considérable, avec par exemple la maîtrise de la fusion nucléaire. Et, nous l'avons vu, nous n'y sommes pas encore. Au-delà du problème de production énergétique, il faudrait utiliser cette énergie pour alimenter des robots couplés à une intelligence artificielle « forte » qui organiserait et développerait la production et les services en totale autonomie. Encore une fois, en se plaçant dans cette hypothèse, l'Homme n'aurait plus besoin de travailler. Il n'aurait plus « d'utilité »… enfin d'utilité productive s'entend, on l'a bien compris.

Comment la société pourrait-elle accepter, subir ou intégrer cette nouvelle organisation sociale ? Serions-nous condamnés à ne plus nous « occuper » que de nous divertir, que ce soit dans un monde réel ou dans un monde virtuel ? Hypothèse à la fois dérangeante voire effrayante pour certains, satisfaisante ou extraordinaire pour d'autres…

Le risque que nous devenions tous les « nouveaux prolétaires du monde numérique »

Cette menace-là semble bien moins hypothétique, car le mouvement semble bien engagé dans ce sens avec le développement et la maîtrise du Big data évoqués plus haut.

Une lecture transversale de l'Histoire permet de présenter la **première révolution industrielle comme une magnifique période d'innovations technologiques.** Ces innovations se sont **traduites**

sur le plan économique et social avec la naissance d'entreprises qui, pour fonctionner, ont nécessité une main-d'œuvre abondante. Certaines de ces entreprises sont devenues de **véritables empires** aux ramifications et à la puissance tentaculaire. Dans de rares cas, la décision politique a mis fin à leur domination en scindant leurs activités. Ce fut le cas aux États-Unis pour la Standard Oil Company divisée en sept entreprises que l'on a appelé les sept sœurs.

La main-d'œuvre nécessaire à ces premières entreprises industrielles formait un **prolétariat** pauvre, sans ressources, que Dickens ou Zola ont bien décrit dans leurs ouvrages. Face aux injustices liées à cette recomposition (ou décomposition) sociale, la lecture marxiste du monde s'est incarnée dans l'empire soviétique qui reprit beaucoup de ses traits à la Russie tsariste. À ces injustices ont répondu une dialectique de la libération.

Les liens que tissent la révolution numérique en cours et la troisième révolution industrielle se traduisent sur le plan économique et social d'une manière assez comparable. Ainsi, cette troisième révolution industrielle coïncide avec une magnifique période d'innovations technologiques dans le domaine du numérique.

A l'origine de ces innovations, des entreprises essentiellement américaines, les GAFAM et NATU, et chinoises, les BATHX. Et ces nouveaux géants économiques nécessitent une **main-d'œuvre abondante**, même si nous n'en sommes pas toujours conscients : cette main-d'œuvre c'est nous !

La puissance du moteur de recherche de Google ne serait rien sans les sites web écrits par d'autres (et qu'il a indexé) ni sans les internautes qui, sélectionnant tels ou tels sites, indiquent au moteur quelles sont les références les plus intéressantes. Ces « géants du numérique » **vivent du « travail » des internautes qui créent la valeur, ensuite exploitée par les plateformes**. Le sociologue Antonio Casilli[1] explique très bien comment (et combien) les internautes produisent un travail digital sans même s'en rendre compte.

1. « *En attendant les robots : Enquête sur le travail du clic* », Paris, Seuil, 2019

De grands empires se construisent donc sous nos yeux. Ces empires profitent non seulement de notre travail, mais aussi de l'exploitation du nouveau charbon ou du nouveau pétrole que constituent nos données (« l'or bleu »).

Le « **pronétariat** » (prolétariat du net) se développe, constitué de personnes ne maitrisant plus leur pouvoir d'attention. Ouvrier du clic, internautes absorbés par leurs écrans, ils n'ont plus la maîtrise de leur force de travail numérique, c'est-à-dire de leur pouvoir de concentration. Face à ces injustices numériques peut advenir une nouvelle dialectique de la libération. Dans ce cadre, nous pourrions très bien voir se développer, à l'instar du marxisme, une nouvelle promesse de libération des pronétaires.

Relevons que Google, avec le concept de Singularité, a développé une forme de vision religieuse du monde. Et si l'incarnation d'une idée, aussi noble soit-elle, tombe dans les mains d'une puissance qui l'instrumentalise, nous pourrions revivre les affres d'un XXe siècle terriblement meurtrier.

IA et travail : l'enjeu de la transformation des métiers

Le monde du travail est à l'aube de grandes transformations et n'y est encore que peu préparé. Les incertitudes sur les conséquences du développement combiné de l'intelligence artificielle, de l'automatisation et de la robotique sont très importantes, notamment concernant les emplois potentiellement détruits ou créés.

La majorité des tâches, donc des métiers et des organisations, vont être très largement transformées. Nous entrons dans une période de transition et le passé montre que celles-ci ont souvent été difficiles à vivre pour certains, souvent les plus fragiles (que ce soient des Hommes ou des organisations d'ailleurs). Céder à la peur ou au fatalisme ne nous aidera pas. Réfléchir en revanche sur les manières dont l'Homme et les machines pourraient être complémentaires semble la voie de la raison.

Comme l'écrit le « rapport Villani »[1] : « il est nécessaire de définir une complémentarité qui ne soit pas aliénante, mais au contraire permette de développer les capacités proprement humaines (créativité, dextérité manuelle, capacité de résolution de problèmes...) ».

> *« Le risque de tétanie est important face à l'ampleur du phénomène, qui alimente les prévisions catastrophistes sur la destruction massive d'emplois : la première étude sur le sujet à avoir largement défrayé la chronique, celle de Frey et Osborne, de l'université d'Oxford, prévoyait une destruction de 47 % des emplois d'ici une vingtaine d'années aux États-Unis. En France, un cabinet de conseil, Roland Berger, a établi approximativement que 42 % des emplois étaient menacés à un horizon similaire. La dernière étude parue sur le sujet, produite par le Conseil d'orientation pour l'emploi, rattaché au Premier ministre, prévoyait, quant à elle, suivant une autre méthode (en se focalisant sur les « tâches » et non pas les métiers en soi), que 10 % des emplois étaient menacés de disparition, mais que 50 % des emplois seraient potentiellement automatisés à plus de 50 %. Quoi qu'il en soit, donc, l'échelle à laquelle se jouera cette transformation est massive. »*

Face à ces prévisions certains tentent de nier le problème, en affirmant que de nouveaux emplois que l'on ne connaît pas encore vont se créer en nombre et que par le jeu des prix et de la demande, les individus seront naturellement amenés à accomplir de nouvelles tâches. On sait pourtant désormais que ce n'est pas si simple, que les coûts humains et sociaux sont souvent très élevés lors des transitions économiques et que les simples incitations du marché suffisent rarement à allouer au mieux possible l'offre de travail. Les risques d'augmentation du chômage et des inégalités peuvent être élevés.

Plusieurs secteurs paraissent particulièrement touchés, parce qu'ils

1. « Donner un sens à l'intelligence artificielle », mission parlementaire, mars 2018.

vont bénéficier sans doute plus fortement que d'autres des « avantages » de l'IA : santé[1] et transports notamment.

Il est clair que ces évolutions nécessitent une vigilance particulière de la part de tous ceux dont les métiers comportent des tâches où l'Homme est facilement remplaçable par une machine douée d'IA (calcul, répétition, utilisation de données,...).

L'ironie du sort voudra d'ailleurs peut-être que ce soient les métiers mêmes qui ont « fabriqué » ou en tout cas alimenté les révolutions technologiques en cours (on pense notamment à l'informatique, mais aussi à bon nombre de sciences dites « dures ») qui pourraient être parmi les plus menacés. Et qu'à l'inverse, des métiers aujourd'hui peu valorisés, en tout cas financièrement parlant, soient plus « autonomes » face à l'IA. On pense aux métiers du soin ou de l'aide aux personnes, aux métiers de l'enseignement, à tout ce qui touche de près ou de loin aux arts.

Réflexion critique sur le numérique : la préservation de l'ordre établi ou « le triomphe des conservateurs » (François Dehoze)

Pour l'heure, la technique computationnelle est socialement très visible dans ses opérations de production de nouvelles marchandises fétichisées, de contrôles de la vie civile par les administrations publiques, et surtout d'administration privée du nouveau salariat mondial. Nouveau jackpot pour les rentiers traditionnels de la vie marchande. Mais l'actualité du numérique, comme toutes les actualités, est aussi confuse que le bric-à-brac du concours Lépine. Pour y comprendre quelque chose, il faut commencer par la rabattre dans le paradigme de la pensée traditionnelle des méfaits du monde technicien, pour rappeler que ***toute technique, celle-ci comprise, est abandon immédiat de tout principe de responsabilité éthique et politique de ses effets sociaux et environnementaux****. De fait, le travail de l'ingénieur, comme du technicien, ou du développeur, est apolitique et amoral. Il n'y a rien à faire. Il en va de l'essence heuristique et pragmatique de l'activité*

1. Cf. Partie 2, « De l'Homme réparé à l'Homme augmenté »

techno-scientifique : on cherche tant qu'on trouve, on trouve tant qu'on cherche, on développe si ça marche, on applique et duplique jusqu'au bout. Dans ce prisme, force est de constater que le numérique n'est en rien une « révolution » ou un « progrès », mais au contraire le conservatisme parfait du système technicien à l'œuvre depuis deux siècles. Gageons le paradoxe : **le numérique est une révolution de conservateurs.**

Problème(s) / *La difficulté intellectuelle première pour penser le numérique tient au fait que l'habitude logique et scolaire, de bon sens, voudrait qu'on pose d'abord les problèmes pour réfléchir ensuite aux solutions. Or, avec l'ensemble des productions techniques, et avec le numérique en particulier, l'ordre est inversé :* **les techniques s'annoncent toujours comme des solutions de toute une série de problèmes, avant que ces derniers n'aient pu être posés.** *Nous voilà condamnés à minauder sur les services rendus par une technique et les effets pervers de ces mêmes services, tandis que les services sont déjà des servitudes nouvelles. Dans ces conditions intellectuellement bancales, on en arrive vite à des demi-positions morales ou des demi-trouvailles un peu niaises : ce ne serait pas la technique en elle-même qui serait mauvaise, mais son mauvais usage ; telle technique délétère resterait plus avantageuse que coûteuse ; tel drame ici provoqué serait par ailleurs un moindre mal... En somme*, **la technique résout bien autant de problèmes qu'elle n'en pose, et souvent ne fait plus que résoudre les problèmes qu'elle-même pose.** *Pour retrouver le chemin du problème technicien sans s'égarer dans ces paradoxes stériles, au moins pourrait-on commencer par un effort de définition de ce dont on parle quand on parle de technique en général, et de numérique en particulier.*

Définition(s) / *Des techniques de toute sorte, que l'on définira pour commencer comme une subordination de moyens en vue d'un but, sont à l'œuvre partout et toujours, la nuit, le jour, dans l'espace privé comme public, appliquées à la nature, aux animaux, aux choses inertes, aux êtres humains, à la politique (l'administration ou la gestion des humains...). À peine posée, cette première approximation de la technique comme la subordination moyen(s)-fin(s) tremble un peu : l'empire des moyens mis en œuvre est bien visible, mais* **les fins s'éparpillent dans un ensemble imprévisible d'applications.** *Car toute technique emprunte à d'autres techniques, de sorte que la définition d'une subordination de moyens en vue d'une fin est trop linéaire. Car à quelle fin le numérique viserait-il ? Embarrassant. Tout le contraire d'une succession en ligne de moyens déterminés se manifeste quand il faut situer chaque technique dans l'univers qui la rend possible, dans le système qui la rend concevable. Surtout, une technique n'est durable qu'en tant qu'elle est d'abord indéterminée, indétermination qui va devenir* *le vecteur de son déploiement dans un milieu technicien qui lui assure alors des possibilités de vie.*

Les techniques forment un continuum de dispositifs cumulatifs qui s'emboîtent les uns dans les autres pour produire du nouveau, du supplément, des développements improbables. *Toutes les productions techniques sont des réifications ponctuelles et passagères de ce démiurge technicien à l'aise dans le jardin qu'il s'est créé pour n'en jamais sortir. Une technique, pour émerger, paye toujours sa part à une autre. Aucun système technicien n'est simple et originaire ni à visée unique. Certes, le système technicien souffre parfois des résistances matérielles à ses émergences concrètes, mais il s'échappe par les portes et fenêtres de ses métissages improbables avec d'autres sous-systèmes. L'innovateur n'est jamais un génie excentrique, mais plutôt un pilleur obsessionnel concentrique, un bricoleur.*

Intégration sans fin / Plus une technique est donc indéterminée, plus elle a des chances de se développer dans un technocosme. *Il faut donc penser la technique comme un système de médiations, d'auto-accroissements de possibilités, pour y apercevoir ultérieurement telle ou telle de ses expressions, par exemple le numérique, ou le nucléaire, ou l'administration publique des populations. Le système est alors intégrateur de nouvelles techniques déjà intégrées qui se nourrissaient sourdement de l'ensemble en mutation. Le système est alors une efficience ouverte aux devenirs aveugles, dans une évolution créatrice qui recompose sans cesse la matière existante en bricolage permanent.*

Autonomie et perpétuation du même / *Quel intérêt y aura-t-il à penser le numérique dans ce prisme systémique ? La technique engendre toujours de la technique, numérique compris, hors de tout contrôle politique et éthique, sans s'encombrer a priori d'une responsabilité.* **Les questions éthiques surviennent a posteriori, c'est-à-dire trop tard.** *L'auto-accroissement technicien tient à ce cercle aveugle d'engendrement sans origine et sans fin. Tel est son paradigme génétique et productif : de la technique fabrique de la technique, dans le balbutiement, sans que jamais une seule technique ne puisse surgir ex-nihilo. Toute technique commence par payer son loyer. C'est pourquoi il est toujours impossible de faire sérieusement une histoire rétroactive d'un objet technique particulier. On se rassure en imaginant des humains qui administrent toute cette affaire, des arbitrages, des hommes politiques pour planifier, des hommes sages et vertueux pour avertir des dangers d'une technique ravageuse... L'hypothèse de la responsabilité est apaisante. Mais l'autoproduction et la reproduction automatique et systématique des techniques dans le règne anonyme de l'efficience (une efficacité dépassée par ses effets prévisibles) s'y refusent. L'accroissement technique* *est sans évaluation morale préalable. Une fois passé le jugement de valeur et l'interruption ponctuelle d'un savoir-faire dangereux, il se développera ailleurs et autrement. Prométhée, déchaîné, s'exprime sans limite.*

Anonymat / *Car ce devenir prométhéen, aspiré vers l'avant des possibles, est profondément anonyme.* **Personne n'en est l'initiateur, ni le propriétaire.** *Y a-t-il une paternité au numérique ? La machine de Charles Baggage ? Un langage formel nouveau (même « Turing-complet ») ? Les premiers ordinateurs commercialisés ? Leurs successeurs, à circuits électroniques, considérablement réduits ? Le processeur d'un tel, ou d'Intel ? N'importe qui peut continuer le travail dans son petit coin, pourvu qu'il maîtrise son secteur.* **Des Hommes généralistes, très cultivés, sont inutiles à la technique qui ne progresse jamais par grandes inventions géniales et spectaculaires, mais par une infinité de petites améliorations collectives souvent sans nom pour la postérité.**

Léonard de Vinci est en réalité une équipe dans un atelier. Comme Kasparov contre l'équipe IBM qui instruit Deep Blue au fil des parties et abandonne finalement le projet avant le déshonneur et le fiasco commercial. On s'étonne parfois qu'une même invention voit le jour en même temps à deux bouts de la planète sans que les pères fondateurs ne se connaissent. C'est que tout le monde boit toujours à l'Open source. Le brevet n'est jamais qu'une blague commerciale. Dans l'industrie numérique, n'importe quel étudiant un peu motivé aboutit à de petits ou grands progrès pour son entreprise. La qualité humaine et intellectuelle propre des chercheurs et techniciens importe peu. N'importe qui fera l'affaire s'il est dégourdi. **Tous les ouvriers sont interchangeables. On les appelle aujourd'hui fort humblement des contributeurs. Conséquences : les Hommes à former par les systèmes éducatifs idoines seront toujours plus dociles et compétents dans la spécialisation, mais moins disposés à la réflexion individuelle (lente) et à la pensée dialectique (insoumise et peu collaborative).** *Les scrupules subjectifs de l'Homme de réflexion ne sont pas hors-jeu seulement parce qu'ils seraient un frein psychologique aux perfectionnements, mais parce qu'ils ne lui apportent positivement rien du tout. Chaque artisan du système trouve déjà des solutions très concrètes pour s'employer avec enthousiasme à l'accroissement de l'outillage matériel et intellectuel qu'il ne peut pas ne pas déjà connaître et utiliser. Il souscrit d'emblée.*

Uniformisation lexicale / *Il n'est donc pas impossible de formuler l'hypothèse que* **le numérique (ou l'informationnel) n'est qu'un médium de communication pour les systèmes existants, une sorte d'efficience nouvelle des efficacités déjà acquises.** *En ce sens, un paradigme à vocation purement conservatrice. Devient alors secondaire pour le numérique la* *question de ses dangers ou méfaits. D'abord parce que toutes les conséquences des techniques modernes font déjà l'objet d'un diagnostic bien plus alarmant.*

Au palmarès des méfaits du système technicien, *il y a sans doute plus à craindre des méthodes plus rustres de production mondiale de viande qui ont détruit en quelques décennies pour les besoins du capitalisme nouvelle époque l'ensemble des sols et du monde sauvage pour y mettre des bêtes d'élevage et pour elles seules des plaines à céréales à intrants chimiques, pour nourrir ces mêmes bêtes à destination exclusivement alimentaire (et à destination du cosmétique et du vêtement). Le grand programme de la « Révolution Verte » (encore une révolution !) sent plutôt le sang des abattoirs. Plus à craindre des cancérigènes massivement nécessaires à produire chimiquement la ration alimentaire distribuée aux humains captifs dans toutes les grandes villes de la planète. À craindre du stade Dubaï de l'urbanisme minéral et climatisé à l'échelle mondiale. Ou peut-être de l'achèvement du grand chantier de concentration des populations, bétonnage et bitumage routier de toute la terre. Dans l'encyclopédie des nuisances, on ne sait plus par où commencer.*

S'il n'est donc pas un danger environnemental ou sociétal pire que les précédents, le numérique a peut-être malgré tout une singularité dans la systémique technicienne : il propose (ou impose) un langage universel aux systèmes techniciens en recherche de cohérence. *Il suggère l'optimisation finale. Dans une logique d'autant plus universelle qu'elle est pauvre, binaire, potentiellement convertible à toutes les machines possibles et imaginables. L'informatisation des techniques pourvues d'une dimension logique (« informationnelle » dit-on) démultiplie les possibilités techniciennes, et ses nuisances. Plus exactement, le numérique, et c'est peut-être là son originalité et redoutable indétermination, est* **la systématisation ou l'uniformisation d'un monde technicien en roue libre depuis deux siècles par le rapprochement lexical de techniques déjà abouties qui jusque-là ne se voyaient pas œuvrer dans le même sens.** *Désormais, elles mettent en commun, elles communiquent, et les colloques croisent des légions d'ingénieurs de champs théoriques étrangers qui n'ont pour l'heure rien d'autres en commun que ce nouveau langage, mais qui y cherchent activement de nouvelles raisons d'agir.* **Numériser, informatiser, et uniformiser, veut dire exactement la même chose.**

Mieux que la Novlangue / *Le computationnel devient alors la langue idéologiquement parfaite, puisque anonyme, sans locuteur humain, sans préférence nationale. Donc sans débat futile. Pas la peine de pleurer si personne ne porte pas plus la responsabilité des méfaits du numérique que* *de la bombe nucléaire. La langue de Babel fut souvent trouvée, non pour la paix entre les peuples, mais pour les plus grands bénéfices militaires. Les machines numériques utiliseront tous les jours la même combinatoire lexicale pour dire l'essentiel à d'autres machines : toutes ensembles, dans la réification parfaite du computationnel. Tout le monde est bienvenu pour numériquement babiller l'avenir matériel et vivant de la planète. Le numérique (optons pour ce mot le temps qu'il fera mode – ou le digital, l'informatique, le computationnel, etc....) fera donc double emploi.*

Premier emploi, insistons, le numérique est l'adaptation parfaite à l'existant des systèmes techniciens, auxquels ***il fournit un langage et des usages nouveaux,*** *connexion et recyclage de logiques encore incompatibles. Logiciel (convergence des logiques), il est une pensée binaire centrée sur la seule efficacité, la pensée la plus pauvre qu'il était possible d'imaginer, l'abstraction pure de la logique à son degré zéro, un calcul formel de propositions (vrai/faux). L'ensemble des machines en dispositif(s) nécessitait pour langage parfait le moins équivoque, sans faille (oui/non, On/off, vrai/faux, O/1, ouvert/fermé...).*

Cette langue sera une pensée non dialectique. *Car la pensée dialectique, insoluble dans une machine, s'efforce d'intégrer dans la difficulté et la réflexion un troisième terme, d'absorber les intrus de* ***l'expérience sensible,*** *du monde des affects, de l'étrange, du différent, de la violence, intériorisation propre à la pensée humaine seule susceptible d'évaluer des contradictions complexes pour décider d'un avenir en commun en toute incertitude, et donc en toute liberté. Dialectique de l'humain et du monde sensible qui héberge de l'inconnu, du singulier, pour s'embarrasser positivement de surprises et de contradictions, penser par réconciliations improbables, agir dans la gratuité, et cultiver, sans calcul, l'impossible et les étonnements fortuits.* ***Tout ce qui sera refusé jusqu'à la fin du monde à une machine, ou à un ingénieur, ou à une méga-machine n'ayant en rien changé de nature par sa vitesse prodigieuse d'exécution.***

Deuxième emploi, le numérique se présente en outre comme un ***règne sans but,*** *sans finalité, l'expression aboutie de l'idéologie scientiste et positiviste des techniciens et ingénieurs en rangs serrés qui* ***fournissent sans sourciller à l'empire capitaliste une feuille de route paisible et fort lucrative, sans autre discussion résiduelle pour les politiques et citoyens que l'administration des détails. Rien n'est jamais radicalement discuté politiquement de ce règne sans fin, sauf peut-être, quand les carottes sont cuites, dans des débats mort-nés sur l'aménagement social de telle ou telle nouvelle application informatique, une fois imposée son irréversible utilisation.*** *La planète anéantie, la misère humaine partout toujours plus* *sordide, les espèces animales exterminées, la violence sociale des sociétés sans projet ni solidarité, les horreurs militaires, etc. : dommages collatéraux du progrès technique.*

Impossible de faire autrement : numérisons, informatisons, uniformisons, puisqu'on n'arrêtera pas le progrès et sa matrice idéologiquement parfaite. Qu'on se rassure au moins jusqu'à la fin du monde : ***il n'y a aucune chance qu'une machine ne devienne jamais une personne humaine.*** *Aucune. Il faudrait pour cela réduire la conscience à un cumul de pensées, à une addition d'idées, et réduire encore la pensée au calcul. Cela fait beaucoup.* **Cette fable littéraire de la machine humanisée cache son envers parfait : non pas faire des machines des sortes d'hommes, mais faire des hommes lentement mais sûrement des machines.**

*Ici les recettes sont bien connues. Pour obtenir des mineurs, machines à bras pour aller chercher du minéral dans des trous, il faut user de beaucoup de violence. Mais pour faire des humains mécanisés qui utilisent tous la journée les yeux et les doigts sur des claviers plastifiés, il faut procéder plus sournoisement : par exemple, appauvrir plus sûrement l'éducation des citoyens, et réduire toute la définition de la Culture à la seule habileté aux calculs, en résumant l'excellence du cerveau humain aux seuls exercices préparatoires des mathématiques scolaires. Ce que Michel Henry appelle « la Barbarie », c'est-à-dire la réduction (et destruction) de toute la Culture au profit du développement de la Science, Physique et Biologie génétique et moléculaire (***La Barbarie***, *Grasset, 1987, et collection « Biblio Essais », 1988, PUF, collection « Quadridge », 2001). Car à l'objectivation des choses du monde par la science galiléenne répond l'objectivation de toutes les actions humaines elles-mêmes. L'objectivation nouvelle intègre les actions humaines par des mécanismes simplificateurs et désincarnés d'interactions, pour aboutir autant que possible à l'«* ***atrophie de la quasi-totalité des potentialités subjectives de l'individu vivant, et ainsi [à] un malaise et une insatisfaction croissante*** *» (Michel Henry). L'appauvrissement du monde à expérimenter par les Hommes le lui rend en retour plus supportable. Par exemple, faire sortir les animaux et plantes sauvages de l'expérience sensible des Hommes pour qu'ils ne s'étonnent jamais de ne plus croiser que des Hommes domestiques, sans plus jamais pouvoir imaginer ce que serait au contraire la majesté d'un être sauvage totalement indifférent à l'humanité. Autre moyen : éloigner les Hommes de la matière naturelle brute qu'un artisan devait supporter durant des années de labeur avant d'en trouver le chemin expressif pour apprendre la sculpture sur pierre et la menuiserie sur des tablettes déjà implantées des machines-outils périphériques. Grâce au digital, plus d'incompréhension entre les peuples et les cultures,* mais des points de connexion parfaitement réussis, des actions communes efficaces et normées, pour **des « gens connectés », c'est-à-dire anéantis comme subjectivité, dépossédés des puissances créatrices de l'affectif et de l'irrationnel.**

L'idéologie de la délivrance / L'ère de l'informationnel apparaît comme l'univers des moyens de délivrances sans réserve aucune de techniques décomplexées et exponentielles, délivrances masquant une aliénation toujours plus fondamentale à ce même empire. **Car rien n'est en ce sens moins révolutionnaire que le numérique, rien n'est plus conservateur : le numérique œuvre à ce que surtout rien ne change, et que se replie sur lui-même ou se redouble le paradigme qui veut que l'ensemble des êtres au monde soit objectivable, étendant cette objectivation aux êtres vivants et aux actions des Hommes. Comment peut-on y voir une révolution ?**

On veut sans doute dire derrière les mots révolution et progrès quelque chose comme un grand bouleversement et une course inéluctable vers un mieux de l'Histoire. Mais la technique, dont le numérique, ne se développe pas en fonction de fins à atteindre et encore moins de besoins à combler, mais en fonction de possibilités déjà existantes qui n'attendent que des ramifications et des développements tous azimuts, en fonction d'un paradigme. Le programme théorique sera le globe à l'intérieur duquel tous travailleront sans fin, une alvéole de rationalité. Il sera à la fois **le champ cognitif des travailleurs intellectuels qui le nourrissent et le champ normatif qui se dresse fièrement dans tous les débats, pour mettre avec autorité tout le monde d'accord, et les politiciens d'abord.** Le numérique se présente donc non comme une histoire en marche (vers quoi ?), mais comme un incontournable milieu de vie. Le technicien de la Silicon Valley, parfaitement inculte en droit comme en fait, vit en compagnie d'autres techniciens issus d'un salariat international qui comme lui font déjà des usages de ce complexe matériel et intellectuel. Sans discussion ni réflexion préalable. Drôle de révolutionnaires.

Le vocabulaire grandiloquent du numérique trahit son idéologie conservatrice. Car les idéologies ont toujours pour fonction de remplacer les légitimations traditionnelles de la domination sociale en se présentant comme le discours de la science et du réalisme, volontiers critique d'anciennes idéologies mortes et inoffensives. Le numérique présenterait le grand avantage d'être une révolution douce, de la démocratie, du partage de l'information, des mœurs délivrées des tâches ingrates de la vie, de l'administration publique pour la sécurité de tous, des conflits géopolitiques devenus « gouvernance mondiale », etc. La paix enfin perpétuelle. **Une révolution, mais sans les**

révolutionnaires ni les contre-révolutionnaires, sans le sang ni les larmes de l'Histoire. *Ouf. Les nouveaux révolutionnaires du siècle commençant sont alors des développeurs ingénieurs armés de claviers qui, à défaut de Grosse Bertha, disposent de mégaserveurs de big data, de « données massives ». Les sémillants petits patrons de star-up qui vendront au bon moment aux grands rentiers traditionnels du Capital frétillent : leurs employés pensent faire de la politique par des lignes de code, dans le but humaniste de notre délivrance des tâches subalternes de l'existence.*

Que le numérique soit donc une « révolution », pour rire, croyons-le. Il est pour l'heure, il est vrai, un supplément d'âme à ce monde de techniciens apolitiques par essence et par formation scolaire, depuis l'aube de la première révolution industrielle. Le numérique sera donc une nouvelle période bénie, et, comme ses ainées capitalistes, **une révolution sans en avoir les inconvénients : disqualification de l'idéal de la révolution sociale et politique, (trop sale et irrationnelle pour l'IA), en vue d'accomplir plus lentement mais sûrement, sans luttes sociales ni coup de feu, la nouvelle mutation proclamée de la vie de tous les hommes, rien de moins, promis à la délivrance de tout ce qui nuisait encore au confort et à la paix domotique.**

Mot d'ordre : il faut changer les pratiques de l'existence en marge des institutions sociales et politiques d'un autre âge, postuler l'avenir, n'importe lequel, par-delà les heurts géopolitiques résiduels de l'Histoire du xxe siècle, désormais obsolètes. Les traditions de pensées excentriques consignées dans les livres en papiers ne sont plus que des loisirs pour intellectuels pittoresques. Il faut numériser les bibliothèques. Les livres savants seront disponibles en PDF sur les disques durs, à la maison. Un malin logiciel y sélectionnera des passages pertinents en fonction de centres d'intérêts préalablement renseignés. Délivrance jouissive des ignares.

Conclusion / *Si donc révolution il y avait, de quoi serait-elle l'avènement ? On le sait, le numérique n'est pas l'héritage d'un artefact décisif. Inutile de chercher l'invention depuis laquelle tout commencerait. Le numérique est le fruit d'un croisement sans borne de centaines de systèmes techniques, un rejeton métissé.* **Il propose une langue à des systèmes techniciens socialement implantés qui ne communiquaient pas encore.** *L'univers de la marchandise informationnelle ne fonctionne pas par oppression et imposition d'un nouveau monde, mais surtout par l'adhésion volontaire des travailleurs intellectuels du nouveau paradigme qui les exploitent, par l'adhésion des usagers qui découvrent de nouveaux besoins à leur vie, dans* *une ambiance sociale d'espérance de succès individuels et de jouissance consumériste sans entrave.*

La grande nouveauté est sans doute sociopolitique : ce nivellement par la collectivisation informationnelle des nouvelles subjectivités est surtout curieusement porté par la jeunesse, qu'on a connu dans l'Histoire plus insoumise. La frivolité créative et la plasticité psychologique des jeunes favorisent la croyance en une révolution douce et sans arme. La jeunesse incarne, pour parler comme Alain Accardo, « ***les prétentions hégémoniques des classes moyennes*** *», participations spontanées et massives à l'ordre intellectuel établi pour et par de bons élèves éduqués et adaptés.*

Le stade numérique du capitalisme est ainsi plus sûrement que jamais un mode d'optimisation sociale et politique du consentement des populations, officiellement en vue du confort matériel ou psychologique des individus, et de l'obsession infantile de la délivrance : être livré par une application, et délivré des tâches pénibles de l'existence, jusqu'au travail, où l'on s'amusera. *Jackpot : le travail gratuit offert par le prolétaire numérique (le « surtravail », ou la « plus-value », c'est-à-dire la tâche accomplie non payée par l'employeur) rapporte bien plus ici que dans d'autres secteurs de production. Douce époque pour les parasites de l'actionnariat. La liberté ne guide plus le peuple, qui se contentera de délivrance. Le numérique rassure ainsi chaque jour l'ordre établi par le Capital depuis deux siècles. Et comme toujours, pour le meilleur des mondes possibles. Quand bien même ce meilleur aurait tout détruit.*

Bibliographie :

Gilbert Simondon, *Du mode d'existence des objets techniques*, Presses Universitaires de France

Jürgen Habermas, *La technique et la science comme « idéologie »*, collection Tel, Gallimard.

Hans Jonas, *Le Principe de responsabilité : Une éthique pour la civilisation technologique*, Champs Essais

Michel Henry, *La Barbarie*, Presses Universitaires de France

Jacques Ellul, *Le système technicien*, Le Cherche Midi

Alain Accardo, *Le petit-bourgeois gentilhomme : sur les prétentions hégémoniques des classes moyennes*, Agone

Jean-Michel Salanskis, *Le Monde du computationnel*, Les Belles Lettres

Chapitre 15

Ne sommes-nous pas déjà entrés dans une troisième modernité de nature « techno-socioculturelle » ?

Aujourd'hui sans doute sommes-nous en train d'entrer, sans forcément nous en rendre compte puisque nous en sommes nous-mêmes les acteurs, dans la « troisième modernité ». L'accélération et la multiplication des usages d'internet rencontrent et alimentent les évolutions socioculturelles, qui en retour, deviennent peut-être **de plus en plus « techno-socio-culturelles »**.

Dans les premières et deuxièmes modernités, les changements technologiques qui « prenaient » étaient ceux qui rencontraient naturellement les évolutions des tropismes, modes de vie et fonctionnement du tissu social. Puis ils les alimentaient en retour.

Ce processus joue à plein depuis vingt à trente ans et semble bien enracinée. Avec la prolifération des réseaux sociaux et des applications pour ordinateurs, smartphones et autres tablettes de plus en plus interactives, le développement de l'internet des objets (IdO en français ou IoT en anglais pour « *Internet of Things* »), c'est un **mouvement généralisé vers l'autonomie individuelle et la fabrication d'un tissu social très interconnecté qui se déploie sous nos yeux.**

En deux décennies (c'est en 1999 que le premier a été mis en vente au public), la vie quotidienne des gens, dans le monde entier ou presque, a été profondément transformé par le développement d'un objet devenu aujourd'hui quasiment « vital » : le **smartphone**.

D'après le rapport Digital 2022 de We are Social, en janvier 2022, on comptait 5,31 milliards d'utilisateurs de téléphone mobile dans le monde soit 67 % de la population mondiale.[1] En France, les utilisateurs de smartphones passent de 21 millions en 2013 à 41 millions en 2019 (source Statista).

Ces smartphones « boostent » l'utilisation d'internet : par exemple en janvier 2022, en moyenne, les Français ont passé 2 h 28 chaque jour sur internet, et l'accès par leur « mobile » représente 72 % du temps passé sur internet[2]. Tout ceci était tout à fait inimaginable (et inimaginé) il y a seulement vingt ans.

Le nombre d'utilisateurs d'internet dans le monde a atteint ainsi 4,95 milliards au début de l'année 2022 (ils étaient 2,18 milliards en 2012), la pénétration de l'internet s'élevant désormais à 62,5 % de la population mondiale totale.

Le développement de l'usage des smartphones est un puissant moteur de développement des réseaux sociaux..., où règne l'expression individuelle (parfois sous un mode très émotionnel et réactif) et où les émetteurs ne sont plus des institutions, mais les individus eux-mêmes.

Les applications sur les smartphones se multipliant, ces nouveaux outils permettent la communication nomade audio et vidéo, la géolocalisation, le suivi de ses données de santé, l'usage

1. https://wearesocial.com/fr/blog/2022/01/digital-2022-une-nouvelle-annee-de-croissance-exceptionnelle/
2. Source Médiamétrie janvier 2022 : https://www.mediametrie.fr/fr/audience-internet-global-en-france-en-janvier-2022

des réseaux sociaux, le paiement à distance ou sans contact et toute une multitude d'autres fonctionnalités. Les téléphones ne servent plus seulement à téléphoner, loin s'en faut…

Mais il est clair que les évolutions technologiques influencent de plus en plus nos comportements et modes de vie. Des technologies de plus en plus hybrides font leur apparition depuis une dizaine d'années (tablettes, notebook, applications de visio,…). De nouvelles pratiques culturelles naissent avec la possibilité pour chacun de créer et faire connaître ses créations (on pense ici aux « influenceurs », sur Tiktok ou Instagram ou…). L'internet des Objets (donc des objets « connectés ») prend son essor (en 2021, la Conférence des Nations unies sur le commerce et le développement[1] l'a distingué parmi les onze technologies dites « de rupture »[2]).

Bref, internet, ou la toile, ou le « cyberespace »[3], ou encore le « septième continent »[4], quel que soit le nom qu'on lui donne, ne devient-il pas notre nouvel espace social ? Et le numérique notre nouveau langage ? Avec les effets pervers évoqués plus haut ?

En l'état actuel, il semble très difficile de prédire vers quelle société cette troisième modernité nous dirige.

Hasardons deux scénarios extrêmes pour cette troisième modernité : une « métamorphose humaniste »[5] ou une « techno-humanité virtuelle » ?

---

1. CNUCED (2021), *Technology and Innovation Report 2021. Catching Technological Waves : Innovation with Equity*, Conférence des Nations unies sur le commerce et le développement
2. Les dix autres technologies sont l'intelligence artificielle, le Big Data, la *blockchain*, la 5G, l'impression 3D, la robotique, les drones, l'édition génomique, les nanotechnologies et le photovoltaïque solaire.
3. Terme utilisé pour la première fois dans le livre de science-fiction « *Neuromancien* » de William Gibson (1984)
4. https://www.attali.com/economie-positive/le-septieme-continent/
5. Dont les fondements sont décrits par Alain de Vulpian dans « Eloge de la métamorphose. En marche vers une nouvelle humanité » (Dunod, 2016, prix de l'essai de l'Académie française).

Les risques (prenons ici position) d'aboutir à une « techno-humanité virtuelle » ne sont pas faibles… Si l'anxiété provoquée par cette « plus grande révolution » domine, c'est la voie que nous pouvons prendre : besoin d'évasion dans des mondes virtuels plus satisfaisants, abandon de notre souveraineté personnelle (via les big data), perte de notre « réflexivité » (capacité à se penser dans le monde), etc., peuvent se combiner pour que nous ne pesions plus très lourd dans notre propre avenir.

Les « chances » de (re)prendre la main sur notre futur ne sont pas nulles non plus et pourraient aboutir à un scenario de « métamorphose humaniste ». Devant la prise de conscience des dépendances que nous risquons de subir de la part de ceux qui exploitent nos « datas », des menaces qui pèsent sur nos libertés avec les pouvoirs accrus de surveillance sociale que nous fournissons nous-mêmes, des dangers que l'Homme fait peser sur la planète, on peut aussi prendre conscience des possibilités d'agir et de se coordonner de façon massive pour influencer les « politiques » (on pense aux Printemps arabes et à tous les mouvements dits « des places » : parc Gezi, Occupy, Indignados, ou encore aux Gilets jaunes français), des opportunités qu'offre le jeu du « collaboratif » et de l'intelligence collective pour résoudre les problèmes, etc. En utilisant les capacités « augmentées » que nous donne le numérique bien sûr.

© *AB*

Partie 5
Quelles perspectives ?

De l'ensemble des points développés dans les deux parties précédentes, il apparaît plus qu'impérieux que nous, Humains, ne nous laissions pas complètement dominer par cette « plus grande révolution ». Il est indispensable de (re)trouver sa souveraineté, que ce soit au niveau individuel comme collectif !

Chapitre 16

Plus de vigilance pour une meilleure maîtrise des menaces au niveau individuel

Etre conscient de ce sur quoi on a le pouvoir d'agir

Comme l'écrit Nikos Smyrnaios[1] en 2017 dans son ouvrage « Les GAFAM contre l'internet – une économie politique du Numérique »[2] : « *Il y a une* ***prise de conscience collective que la direction prise par l'internet n'est pas la bonne*** *: marchandisation accrue, concentration des ressources, surveillance omniprésente. L'internet sous l'emprise étouffante de l'oligopole est en train de ressembler de plus en plus à ce à quoi il était censé s'opposer, à savoir* l'informatique conçue comme une technologie de domination ».[3]

Nous ressentons tous cette domination, et pas seulement dans un monde numérique qui serait étanche au monde réel. Car internet

1. Maître de conférences en sciences de l'information et de la communication à l'Université de Toulouse 3.
2. Voire la note de lecture https://www.inter-ligere.fr/a-litre-les-gafam-contre-l-internet-de-nikos-smyrnaios/
3. Dans « Réseaux, libertés et contrôle » (2015), Benjamin Loveluck présente la genèse d'internet et ses évolutions, et trace trois grands systèmes d'organisation et de contrôle : centralisation (Google, Facebook), dissémination (Perr-to-peer, Wikileaks) ou auto-organisation (Logiciels libres, Wikipedia).

n'est pas un monde à part détaché de ce qui serait à côté la « vraie vie ». Internet s'interpénètre avec le monde réel, internet a un impact normatif, il s'impose à nos actions de tous les jours. Ce que nous connaissons virtuellement fait partie de notre « réalité ».

Le modèle actuel de l'internet apparait aux yeux de bon nombre de spécialistes comme dangereux, et au premier chef ses dirigeants actuels (on sait que les professionnels de la Silicon Valley font partie des premiers « parents » à essayer de protéger leurs propres enfants de ses dangers).

Mais bon nombre d'entre nous, dans le « grand public » ne nous en rendons pas toujours compte. Car il représente un formidable espace (apparent) de liberté. On s'y croit libre, parce que l'on peut s'y mouvoir librement, naviguer, acheter, lire, visionner. Mais **où est la liberté quand les outils que nous utilisons sont en même temps des outils de surveillance** ?

Est-il possible de réagir (voire de lutter) à titre individuel ? L'analyse des mécanismes de diffusions des technologies grand public révèle que leur succès est intimement lié à leur « acceptabilité sociale ». Donc à l'attrait plus ou moins naturel qu'elles exercent sur nous, « les gens ».

Il est donc essentiel de **comprendre que, comme on alimente soi-même le système**, on peut avoir un impact sur ses développements (éducation/compréhension/connaissance et vigilance). Certaines des conclusions du récent rapport Bronner sont significatives à cet égard. Selon lui, la meilleure réponse face notamment aux infox induites par le monde numérique est une certaine **modération individuelle**, « *puisque tout un chacun est devenu un opérateur sur le marché en ligne de l'information* ». Et il préconise comme outil de lutte contre les infox que la recherche développe une meilleure compréhension des « mécanismes psychosociaux qui rendent les individus perméables aux fausses informations ». **Renforcer l'enseignement de l'esprit critique et améliorer l'éducation aux médias et à l'information** sont également des recommandations fortes du rapport.

La maîtrise de l'information (Jérôme Bondu)

La maitrise de l'information au niveau individuel concerne la capacité à bien s'informer, à éviter la sous-information autant que la surinformation, tout en sachant faire face à la désinformation ainsi qu'à la mésinformation.

Quatre notions qu'il est essentiel de clarifier.

La **juste information** *est le concept qui se passe certainement le plus de commentaire. Il s'agit, tout le monde l'aura compris, d'être bien informé. Mais c'est aussi un concept utopique. On ne peut viser continuellement à être bien informé, tant cela apparaît comme un chemin de crête, une sorte d'idéal, plus qu'un état que l'on pourrait pérenniser.*

Prenons un personnage et une situation emblématique pour illustrer l'utopie de cette situation de « juste information ». L'exemple de Georges Bush père, initiateur de la première guerre du Golfe en 1991, est révélateur. Bush est l'ancien directeur de la CIA. Lorsqu'il accède à la fonction suprême de l'État le plus puissant du monde, on peut penser qu'il doit être… bien informé. Pourtant c'est lui qui reprend un des plus grands mensonges de l'histoire récente : l'affaire des couveuses. Alors qu'en 1991 l'État américain veut mener une guerre contre Saddam Hussein, le public américain est récalcitrant. Les faucons sont dans une impasse politique. C'est alors qu'une jeune Koweïtienne témoigne devant la commission des droits de l'Homme du Congrès américain. Elle affirme avoir vu des soldats irakiens entrer dans une des maternités de Koweït City et s'emparer des couveuses. Couveuses qui contenaient des enfants prématurés… et que les soldats ont impitoyablement jetés au sol. Les bébés sont morts sous les yeux des nurses impuissantes. Quand Bush a utilisé ce témoignage, savait-il qu'il était faux ? L'homme à priori le mieux informé au monde savait-il que cette information était erronée ? Si la réponse est négative, c'est grave. Si la réponse est positive, c'est tout aussi grave. Ceux qui l'ont cru se sentaient-ils bien informés ? Se savaient-ils manipulés ? Qu'est-ce que la juste et bonne information ? Une utopie qui fait fi des enjeux et rapports de force. L'information est une arme puissante pour qui sait la maîtriser.

En ce qui concerne la **sous-information***, on pourrait dire qu'elle a été la norme pendant des millénaires. Alors qu'aujourd'hui les informations circulent beaucoup plus et sont abondantes. Mais on pourrait aussi bien relativiser cette affirmation : ne serions pas nous aussi, dans un sens, sous-informés ? Car l'abondance ne fait pas la qualité. Et si les réseaux sociaux sont en surchauffe, ne serait-ce pas parce qu'ils transportent* **des**

*« **données** » **plus que des** « **informations** » **?** La donnée ne nous est pas utile, elle sature nos capacités d'analyse. Les informations, ce qui répond réellement à nos questions, sont plus rares. Quant aux renseignements, ce qui nous permet d'agir, ils semblent encore plus rares.*

*Penchons-nous sur la **surinformation**. Derrière ce mot-valise se dissimule un problème sémantique. Car on ne peut pas réellement être surinformé. On peut **crouler sous les données informationnelles,** telles que présentées plus haut, mais pas sous les informations utiles. Être surinformé est comme être sur-riche. C'est un concept tout à fait théorique...*

*La **mésinformation** survient quand les informations qui circulent sont considérées comme véridiques par l'émetteur, mais qu'en réalité, elles déforment les faits ou sont erronées. Ce qui a pour résultat d'induire en erreur une cible. Mais cela n'est pas fait intentionnellement. À la différence de la désinformation.*

*La **désinformation**, enfin, est le fait de faire circuler de fausses informations pour fausser volontairement le jugement d'une cible.*

Revenons maintenant à notre questionnement sur la maitrise de la bonne information au niveau individuel. Nous avons vu toutes les difficultés liées à ces notions. Que faire ? Il conviendra de former le grand public aux risques de la sur –, sous –, més – et désinformation : depuis les étudiants jusqu'aux collaborateurs dans les organisations. On pourrait imaginer que la maîtrise des données devienne un cours à part entière, quelque chose qui soit traité comme une connaissance de base, essentielle pour toutes les autres disciplines en science humaines (histoire, lettres...) aussi bien qu'en sciences dures (mathématiques, physique,...). On sait que les programmes sont déjà surchargés, mais peut-être qu'il faudrait donner une place à ce domaine.

Mais on peut également se demander à quoi sert d'avoir une bonne et juste information, si tout ce que l'on fait numériquement est absorbé par des sociétés qui ont pour vocation de nous connaître tellement bien qu'elles acquièrent le pouvoir d'orienter nos achats et notre vision du monde ? Comment apprendre à protéger notre vie privée est sans doute un enjeu majeur avec le développement du big data....

Développer sa vigilance face aux infox

Le rapport Bronner[1] fait un certain nombre de propositions dans les champs de l'éducation, de la régulation et de la lutte contre les diffuseurs de haine en ligne. Il précise bien que « les recommandations ne visent pas à éradiquer les désordres informationnels, mais à limiter la propagation des contenus qui nuisent à la vie démocratique, dissuader les comportements malveillants, sanctionner les pratiques illicites, améliorer la prévention des risques et **renforcer la vigilance des utilisateurs.** »

À titre individuel, quels sont nos moyens de mieux **maîtriser** les infox, de ne pas se faire prendre au piège des fausses informations (et donc de ne pas les relayer…) ? C'est avant tout **en se donnant les moyens de renforcer notre vigilance**, en sachant mieux les identifier.

Nous vous suggérons ici plusieurs pistes :

– de nombreux **outils ont été mis en place par des organes de presse que nous pouvons tous utiliser**. On peut citer Fact-checking de l'AFP, Décodex du Monde, CheckNews de Libération ;

– le titre qui accompagne l'infox est souvent caricatural, racoleur et accrocheur. Parfois en majuscules, ou avec des points d'exclamation. Dans le corps du message il y aura systématiquement une invitation à « faire tourner », à « diffuser à tous vos contacts » ou parfois la mention « les médias n'en parlent pas » ! ;

– le lecteur ne doit pas se priver de **rechercher quel est « l'émetteur » de l'info**. Car si les sites parodiques, qui véhiculent par nature des « infox », sont assez connus et ne cachent par leur nature (Le Gorafi, The Onion, North Press, Complots Faciles, etc.), les sites complotistes, qui ont une réelle volonté de nuire, se dissimulent volontairement ;

– on pourra être aussi **vigilant quant à l'effet produit sur soi-**

1. https://www.vie-publique.fr/en-bref/283196-desinformation-en-ligne-les-preconisations-du-rapport-bronner

même par l'information, via sa construction, la scénarisation du propos. Est-ce que l'article en question permet une ouverture sur des idées nouvelles, une autocritique ? Ou au contraire un enfermement ? Cherche-t-il à mettre en colère ? Etc. ;

– on peut aussi chercher à **remonter à la** source **de l'information** : déclaration anonyme, source de police ou de gendarmerie… ?

Des collectifs se sont organisés pour faire de véritables recherches professionnelles. C'est le cas de BellingCats[1] qui analyse les lieux, dates, personnes, tenues, arrière-plans, météo, ombres… Et qui mène ce type d'investigation aussi bien que le ferait un service de renseignement. Ils passeront au crible les éléments médias (photo, vidéo…) et utiliseront les métadonnées associées (comme les données Exif[2] associées aux photos) ;

– l'internaute lambda comme nous pourra rechercher **l'origine de photos similaires** (à celle utilisée dans un article dont on veut mesurer l'authenticité) avec TinEye ou Google Images.

Mieux maîtriser et protéger ses données par le choix des outils et technologies

Aujourd'hui, le **RGPD** européen[3], qui encadre le traitement des données personnelles sur le territoire de l'Union européenne et s'inscrit dans la continuité de la Loi française Informatique et Libertés de 1978. C'est un outil crée pour « renforce[r] le contrôle par les citoyens de l'utilisation qui peut être faite des données les concernant »[4].

Pour Isabelle Falque-Pierrotin, présidente de la CNIL (Commission

1. https://www.bellingcat.com/
2. « Exchangeable image file format » correspond à un ensemble de métadonnées générées lors de la prise de vue d'un appareil photographique
3. Pour « Règlement Général de Protection des Données », en anglais « General Data Protection Regulation » soit GDPR
4. Source CNIL (Commission Nationale Informatique et Libertés) : https://www.cnil.fr/fr/rgpd-de-quoi-parle-t-on

nationale de l'informatique et des libertés), institution chargée de le faire appliquer en France, il a posé un nouveau cadre juridique et a apporté des droits fondamentaux aux internautes : portabilité de leurs données, droits de suppression ou de modification. « Il faut que les individus se saisissent des nouveaux droits qui sont les leurs » affirme-t-elle[1].

Néanmoins, **face à l'attrait et à l'emprise que les géants du net exercent sur nos vies et comportements quotidiens, la défense de nos droits numériques semble peser très peu dans la balance**.

Rappelons-nous : en mai 2018, lorsque nous nous sommes connectés sur Facebook, Linkedin ou Twitter, nous avons tous eu le même message, qui nous demandait si nous acceptions qu'ils conservent, analysent et utilisent nos données. Et qu'avons-nous fait ? Nous avons accepté. Pourquoi ? Parce que nous n'avions pas le choix. Il n'y avait pas de solution alternative. C'était accepter leurs conditions ou bien perdre notre compte.

Nous avons tous adopté une multitude d'outils et d'applications en tout genre, depuis celle qui donne la pluie et le beau temps sur son téléphone, ou nous permet de gérer notre compte bancaire, ou encore de connaître le meilleur chemin à prendre pour aller à tel endroit, jusqu'à l'indispensable navigateur et moteur de recherche. Nous ne sommes pas dupes des collectes régulières de nos données personnelles. On a ainsi vu récemment le grand public s'offusquer du changement des règles de WhatsApp et migrer en masse vers des messageries plus vertueuses en termes de protection de la vie privée.

Photo Chris Yang sur Unsplash

1. Dans le livre collectif « La souveraineté numérique – Le concept, les enjeux », sous la direction de Pauline Türk et Christian Vallar (Mare et Martin, 2017)

Ne pourrait-on pas généraliser ce comportement « réactif » et faire l'effort de nous tourner en priorité vers ceux qui permettent le respect de notre vie privée et garantissent notre anonymat ?

Nous vous livrons ici un **petit panorama de solutions possibles**[1] :

– messagerie : Signal, ou le français Olvid, qui est un peu contraignant lorsque l'on veut échanger une première fois avec un contact, mais très sécurisé… ;

– navigateur : Firefox, Brave, Vivaldi, Epic, Tor,… ;

– moteur de recherche : le français Qwant ou DuckDuckGo. Les moteurs écologiques comme le français Lilo ou l'allemand Ecosia.

NB : attention, tous ces moteurs utilisent totalement ou en partie les résultats du moteur Bing de Microsoft, car créer un moteur nécessite d'immobiliser une très grande quantité de serveurs pour stocker une « réplique » du web, ce qui est très couteux ;

– système d'exploitation de bureau : GNU/Linux et ses dérivés (Ubuntu,…) ;

– système d'exploitation de téléphone : le français /e/ créé par Gaël Duval (rechercher sur un moteur « Fondation /e/ ») ;

– mail : Proton, Tutanota… ;

– toutes les solutions Framasoft (Framapad pour la rédaction de texte à plusieurs en ligne, Framadate pour les organisations de réunions, Framatalk pour les visioconférences, etc.) ;

– l'hébergement chez le Français OVH.

Au-delà des choix d'outils à titre individuel, il est clair que la situation demande des changements plus structurels et, donc, des choix politiques.

Chaque pays pourrait ainsi former des bataillons d'ingénieurs pour déployer les logiciels libres (par exemple GNU/Linux) dans l'administration. Puis inciter les entreprises à faire de même. L'éducation nationale de chaque pays pourrait « dégafamiser » son enseignement. Les données des nationaux devraient rester dans

1. « Maîtriser internet avant qu'il ne vous maîtrise », Jérôme Bondu, 2020 et « Numérique : reprendre le contrôle », Cercy et Nitot 2016

leur pays et alimenter les outils d'intelligence artificielle « nationaux » pour avoir une maitrise du destin national, pour reprendre une expression de Pierre Bellanger[1], auteur du premier livre sur la souveraineté numérique. Le Cloud Act de Trump ne doit pas échapper aux lois nationales. L'Europe pourrait-elle devenir le chef de file de cette bataille juridique ? Nous y viendrons dans les prochaines pages…

Lutter contre les mécanismes qui cherchent à capter notre attention et développer nos addictions au numérique

Là encore, ce n'est pas l'outil en soi qui pose problème, mais bien l'utilisation que l'on en fait. Pour certains, l'usage des technologies est devenu comme une véritable drogue.

Docteur en neurosciences, Sébastien Bohler explique comment le fonctionnement de notre cerveau nous rend difficile de bien appréhender les **effets de dépendance produits par le numérique**[2]. Il explique qu'une partie de notre cerveau, le striatum, contient les neurones dopaminergiques. Ces neurones commandent l'envoi de la dopamine, responsable du sentiment de bien-être, de bonheur. C'est le **circuit de la récompense**. Et ce bien-être est lié à cinq actions primaires essentielles : manger, se reproduire, explorer, conquérir, dominer. C'est le cas chez nous, les Humains, comme chez les autres animaux, depuis les poissons jusqu'aux singes.

Quand nous étions chasseurs-cueilleurs et que ces cinq éléments étaient rares (nourriture difficile à acquérir, partenaire sexuel peu

---

1. « *La souveraineté numérique* », Édition Stock, 2014
2. « Le Bug humain. Pourquoi notre cerveau nous pousse à détruire la planète et comment l'en empêcher », Robert Laffont 2019. Voir la note de lecture https://www.inter-ligere.fr/bug-humain-de-sebastien-bohler-2/

nombreux...) le système était équilibré. Notre striatum était un aiguillon qui nous poussait à nous dépasser, à survivre dans des conditions difficiles. **Mais avec l'avènement de la société d'abondance, notre striatum est devenu notre pire ennemi.** Il nous envoie des récompenses quand nous mangeons de la nourriture trop grasse, trop salée, trop sucrée (manger). Quand on regarde des images de personnes dénudées (se reproduire). Quand on clique sur un article dont le titre annonce une révélation (explorer). Quand on fait un achat (conquérir). Quand on obtient une nouvelle notification « J'aime » sur un réseau social (dominer). Ayant vécu des millions d'années dans un système de pénurie, notre cerveau n'a pas inventé de « frein » à la boulimie du striatum. Il n'y a pas de système « stop ».

Heureusement, l'auteur nous **offre quelques pistes pour nous maîtriser**. Le striatum rentre en effet en conflit avec d'autres aires cérébrales, notamment les aires du cortex préfrontal qui donnent accès à des représentations fictives de l'avenir, et qui permettent d'anticiper l'avenir. Comment les développer ? Il y a eu beaucoup de tentatives de contrôler ces « renforceurs primaires ». Les grandes lois religieuses ou laïques vont dans ce sens. Il suffit de revoir les sept péchés capitaux (gourmandise, luxure...). En prenant le modèle de mère Teresa, Sébastien Bohler rappelle que notre circuit de la récompense peut aussi être activé avec des actions désintéressées. Le tout est d'avoir le bon conditionnement pour les générations à venir. Et une maitrise de notre conscience pour les générations actuelles.

On pourrait par exemple jouer sur la norme sociale pour survaloriser les comportements vertueux. Enfin, nous pourrions **alimenter autrement notre circuit de la récompense** : la connaissance peut apporter une satisfaction propre à activer notre circuit dopaminergique. L'auteur explique « Notre striatum est avide de connaissances et il s'agit là probablement d'un gisement prometteur pour l'économie du futur, ainsi qu'un substitut intéressant à la croissance matérielle qui est actuellement le seul objectif des appareils industriels de nouvelle génération, dont le numérique ».

La conclusion de Sébastien Bohler est claire : internet nous impose de gérer les choses au niveau global. « Nous constatons avec amertume que la liberté de droit sans la recherche d'une liberté réflexive nous a fait retomber dans l'esclavage ». Il appelle à une « société de la conscience » ! Et l'on ne peut que lui donner raison et apprécier son analyse ! Mais l'on se rend bien compte que même avec le plus grand courage, là encore**, l'internaute seul est un peu démuni et doit pouvoir se reposer sur des décisions collectives.**

C'est le sens de notre réflexion à venir sur le rôle de la volonté politique. Et le niveau auquel elle doit s'exercer.

Conclusion : soyons conscients des menaces que le numérique fait peser sur nous et exploitons ses avantages au service de l'Homme

Certes, la démonstration en a été largement faite, le numérique peut représenter un danger pour nos libertés.

Face à cela l'un des premiers défis auxquels nous devons répondre est sans doute de trouver ou **encourager tous les moyens de récupérer notre souveraineté sur nos données, qui sont au XXIe siècle ce que le pétrole fut au XXe.**

Le second défi est de tout faire pour **préserver notre espace de liberté individuelle** et ne pas se laisser enfermer dans un monde numérique qui pourrait devenir orwellien.

Mais, et c'est sans doute un des faits majeurs des dernières décennies, le numérique présente d'indéniables atouts pour les individus. Exploitons-les à notre « service »… Il démultiplie par exemple la possibilité d'exprimer nos opinions, nos idées, notre vision du monde, ainsi que nos besoins, nos envies, voire nos révoltes ou aspirations, individuelles ou collectives.

Cette liberté d'expression, qui constitue un bien familier dans nos démocraties, s'exerce aujourd'hui à une échelle inédite[1], utilisons-là !

1. Il suffit de voir l'ampleur du mouvement #MeToo pour s'en convaincre.

Chapitre 17

L'Europe, nouveau terrain de décisions collectives pour répondre aux enjeux et aux menaces ?

Face au pouvoir et à l'influence sur nos vies des géants du net, on s'en rend bien compte, les moyens purement individuels de défense de nos droits et libertés ne peuvent suffire. Ils doivent s'inscrire dans un contexte favorable que seules des décisions collectives « politiques » peuvent créer.

Et, face à l'affrontement géotechnologique que se livrent Chine et USA, comment imaginer des décisions efficaces qui ne soient pas prises au niveau de l'Europe ? Voire que celle-ci puisse un jour offrir un réel modèle attractif dans le cadre de la compétition mondiale qui aujourd'hui se déroule sous nos yeux de spectateurs un peu « impuissants » ?

Palais de l'Europe. Source Pixabay

Le rôle clef du politique et la nécessité de visions long terme partagées

Il faut rappeler qu'en France, la décision publique a été à l'origine de beaux ratages numériques, à commencer par le plan calcul, ou l'abandon du projet Cyclade mené de main de maître par Louis Pouzin. On peut rajouter au cimetière des fausses bonnes idées la tentative de créer un moteur de recherche franco-allemand, Quaero, porté par Jacques Chirac et le chancelier Gerhard Schröder. L'initiative a sombré pour cause de mésentente entre les industriels réunis pour ce projet.

Ajoutons la tentative de développer un cloud souverain en 2012. Nommé Andromède et voulu par l'État français, l'objectif était de mettre en place un cloud souverain, avec une « infrastructure de datacenters installés sur le territoire français ou en Europe et la création d'acteurs nationaux pour la superviser. De cette initiative sont nées deux entreprises, Cloudwatt soutenue par Orange d'une part, et Numergy pilotée par SFR, et avec le soutien financier de la Caisse des Dépôts d'autre part, offrant chacune des prestations comparables pour aider les entreprises à exploiter le cloud. »[1] Mais le projet s'est étiolé.

Aujourd'hui, le contexte de la réelle « prise de pouvoir » des GAFAM change la donne.

Internet s'est centralisé, à l'opposé de ce qui avait constitué un des fondements de sa réussite. Cet outil créé pour avoir une infrastructure distribuée se retrouve avec un certain nombre de centres névralgiques : l'ICANN pour la gestion des noms de domaine ; Google comme porte d'entrée sur le web ; Amazon dans la vente en ligne ; Meta avec Facebook, Instagram et Whatsapp ; Microsoft pour les systèmes d'exploitation, la suite bureautique ; LinkedIn pour le réseautage professionnel. Rien n'est simple face à ces monopoles numériques surpuissants.

1. Source : https://www.generation-nt.com/numergy-sfr-rachat-cloud-souverain-actualite-1922351.html

Et les **alertes anti GAFAM se succèdent**[1], sans pour autant dépasser la plupart du temps le simple constat des menaces que ces géants font peser sur les libertés individuelles ou sur les pouvoirs des Etats-Nations.

Pour autant selon Evgeny Morozov[2] la « domination silencieuse de nos vies par la Silicon Valley n'est pas un fait accompli et peut encore être contestée pourvu qu'il y ait suffisamment de volonté politique ».

Désormais, le champ politique national est en partie devenu européen. Il est clairement difficile et plus long de s'accorder entre un aussi grand nombre de nations ayant des problématiques propres. Mais rien n'empêche a priori que, face à ces **menaces communes**, cela ne se transforme en force si elles s'unissent et partagent la même volonté politique…

Quelques obstacles inhérents au « politique » doivent être levés.

Tout d'abord il est nécessaire que les décideurs (au sein des pays européens et au niveau des instances dirigeants de l'UE) soient individuellement plus « armés » pour résister à la **force de l'influence** (lobbying) qui s'exerce sur eux pour bloquer toute décision qui nuirait aux GAFAM. Elle est énorme et s'exerce de manière parfois insidieuse. On sait par exemple que ceux-ci dépensent des millions d'euros de lobbying « officiel » par an à Bruxelles, mais ces données issues d'obligations de déclarations financières ne sont que la pointe émergée de l'iceberg et passent notamment sous silence le poids de l'attrait exercé par la perspective d'un poste chez un géant américain… Ce pouvoir d'influence est plus pernicieux et certainement tout aussi efficace.

---

1. On peut citer en ce sens l'excellent livre de Shoshana Zuboof : « L'âge du capitalisme de surveillance » (Zulma, 2018), https://www.lefigaro.fr/vox/monde/shoshana-zuboff-la-societe-democratique-se-transforme-en-autocratie-numerique-20210624
2. Auteur de « « Émergence d'un État-providence néolibéral » dans l'ouvrage collectif rédigé sous la direction de Bernard Stiegler « La toile que nous voulons. Le web néguentropique » (éditions FYP, 2017). Voir la fiche de lecture : https://www.inter-ligere.fr/la-toile-que-nous-voulons-bernard-stiegler-2/

Face aux « spécialistes » des GAFAM, maîtrisant complètement les enjeux (clairs pour eux) de domination numérique, les hommes et femmes politiques qui représentent les intérêts des Européens (donc les nôtres...) au sein du Parlement, de la Commission ou des différents gouvernements nationaux semblent manquer cruellement d'expertise. Car ce ne sont pas sur leurs « compétences technologiques » qu'ils ont été recrutés... Or le fait de **choisir des décideurs au fait de la chose numérique et en capacité de défendre un dossier au niveau technique** est essentiel.

Les choses semblent évoluer depuis quelques années avec des dirigeants européens plus jeunes et pour certains à la tête de pays éminemment « technologiques » (on pense aux pays baltes notamment). Et Thierry Breton, commissaire européen au Marché intérieur, comme Margrethe Vestager, vice-présidente exécutive à la Concurrence, semblent vouloir prendre le taureau numérique par les cornes !

Autre frein à l'expression d'une réelle volonté politique : la difficulté à développer une vision long terme. Car les hommes et femmes politiques proposent essentiellement des « solutions » à court terme, avec des choix électoralistes assurant l'impact maximum sur les électeurs. Or la nécessité d'investir à long terme dans le numérique devient une évidence si l'on veut se donner les moyens de lutter contre les géants américains. Il s'agit d'avoir une politique volontariste pour développer des sociétés technologiques concurrentes et instaurer un réel système pluraliste, qui permettent aux utilisateurs de « choisir ».

Les retards que cela pourrait causer au départ pour ceux qui font le choix d'un chemin de traverse, hors des sentiers battus par les GAFAM, seront largement rattrapés par les gains ultérieurs en autonomie stratégique. Ces investissements à long terme sont une condition indispensable pour (re)trouver son autonomie et sa « souveraineté numérique ». Cela demande des États (ou regroupement d'États) qui soient capables d'investir à long terme dans le numérique et toutes les technologies innovantes...

et soutiennent donc les entreprises innovantes qui sont capables de les développer.

Pour la France, n'écartons pas l'hypothèse qu'on puisse un jour avoir des responsables politiques et un gouvernement qui prennent la mesure des enjeux et se lancent dans la bataille numérique. Mais ne pourrait-on pas même hasarder que si les électeurs se mobilisent et choisissent d'élire de préférence des représentants assumant de proposer une vision long terme moins électoraliste, les décisions collectives efficaces suivront ?

Un nouveau modèle européen de développement du numérique est-il possible ? L'Europe peut-elle devenir un nouveau modèle attractif versus Chine-USA ?

Proposer et investir dans des solutions « alternatives »

Dans quels domaines investir ? L'Europe pourrait investir dans des solutions stratégiques long terme pour une indépendance numérique. Cinq axes semblent dessiner l'avenir : l'intelligence artificielle ; le nano, c'est-à-dire la miniaturisation ; les ordinateurs quantiques ; les terres rares ; la blockchain.

Il y a des réussites antérieures : l'exemple le plus emblématique est la réussite d'Airbus. Et même s'il est polémique de parler du nucléaire, il fait quand même souligner que le vaste plan d'investissement français a permis une indépendance énergétique réelle et de garder des marges de manœuvres diplomatiques à une époque où la France a encore une importance géopolitique.

Beaucoup parlent du décrochage de la France et de l'Europe en matière numérique qui semble à ce jour irrattrapable. Néanmoins, il convient de relativiser cette vision. On peut ainsi rappeler que la France occupe à peu près un pour cent de la surface émergée mondiale et que sa population représente un pour cent de la population mondiale. Or, cette modestie des chiffres est à mettre en regard d'une situation tout à fait privilégiée à maints égards :

la France est et reste une puissance économique, diplomatique, maritime, scientifique… Pourquoi faudrait-il regretter que l'Inde, pays vingt fois plus peuplé que la France, ait un PIB qui dépasse le nôtre ?

L'Europe économique quant à elle est une des très grandes puissances économiques mondiales[1]. Elle comprend des pays qui ont chacun un poids économique, politique ou culturel de premier plan. Après les deux guerres mondiales et après soixante-dix ans de paix, elle a fait preuve d'une résilience qui lui permet d'envisager l'avenir avec une certaine sérénité. Il nous manque peut-être « juste » la capacité à dégager des projets communs forts reposant sur une vision du temps long qui puisse s'imposer devant les changements de gouvernements nationaux et permette de décorréler les décisions stratégiques de l'impact de la prochaine échéance électorale… nationale.

L'idée de la nécessité pour l'Europe d'une vraie souveraineté gage d'indépendance dans le domaine des technologies (en premier lieu numériques) ne pourrait-elle pas constituer le cœur de ce projet commun ?

Les enjeux sont tellement énormes qu'il semble en effet impossible d'en rester là. **Ne rien faire c'est laisser le champ libre au développement d'une domination du monde à des pays ayant des valeurs très différentes et qui ne sont pas tout à fait les nôtres…**

Pour les Américains, la donnée personnelle appartient à l'entreprise qui la possède, même si elle l'a acquise sans le consentement éclairé de l'internaute. Cette donnée a de la valeur et par conséquent doit être commercialisée pour en tirer le plus de profit.

---

1. Avec 15 193 milliards de dollars de PIB en 2020 (13 315 milliards d'euros selon Eurostat), l'Union européenne à 27 est la 2e puissance économique du monde. Elle représente 17,9 % du PIB mondial, derrière les États-Unis (24,7 %) et devant la Chine (17,4 %) et le Japon (6,0 %). Source : https://www.touteleurope.eu/economie-et-social/l-economie-europeenne-et-l-euro/

Pour les Chinois, la donnée personnelle appartient à l'État chinois, qui a la légitimité de tout surveiller. Cette donnée permet de prédire un comportement, et par conséquent peut et doit servir à contrôler la liberté de se mouvoir, d'agir, d'exprimer une pensée et *in fine* (qui sait ?) de penser tout simplement !

L'Europe pourrait offrir une alternative à ses citoyens et au reste du monde pour tous ceux qui sont mal à l'aise avec ces deux modèles dominants. Le continent africain pourrait même imaginer rallier cette dynamique (et l'on peut se demander si les mouvements actuels qui visent à creuser le fossé entre l'Europe et l'Afrique ne font pas en réalité le jeu des nouveaux prédateurs des richesses du continent africain).

Le « modèle chinois »

Aujourd'hui, deux des pays qui ont pris des décisions fortes en matière de numérique sont la Chine et la Russie. Deux pays qui ne brillent pas par leur fonctionnement démocratique.

La Chine serait-elle un modèle à suivre ? Car force est de constater que l'empire du Milieu a su développer des géants du numérique, les désormais célèbres BATXH, faisant jeu égal avec les GAFAM. Evidemment, les États-Unis sont très régulièrement cités comme modèle dans le développement du numérique. Mais il est intéressant de changer d'optique.

Alors, écoutons Kai-Fu Lee, entrepreneur et expert en Intelligence Artificielle. En 2019, dans son livre « La plus grande mutation de l'histoire »[1] il explique que le ***succès de la Chine en matière de développement numérique est lié à trois facteurs*** *: aux conditions mises en place par la puissance publique, à la culture entrepreneuriale et à l'esprit conquérant des entrepreneurs. Cet esprit de « gladiateur » acquis par la concurrence féroce qui règne dans l'empire du Milieu fait que chaque entrepreneur se bat chaque jour dans l'arène de la compétition chinoise.*

1. Voir la note de lecture https://www.inter-ligere.fr/intelligence-artificielle-plus-grande-mutation-histoire/

L'auteur reconnait que ***pour l'instant les États-Unis sont leaders dans le domaine de l'IA****, mais affirme que cela va changer rapidement. Il rappelle que* ***si les révolutions (les technologies de rupture) viennent des « génies », leurs déploiements viennent des « bricoleurs », c'est-à-dire des personnes qui savent copier, adapter, déployer****. Pour ce qui est de l'IA, il reconnait que les génies sont actuellement de l'autre côté du Pacifique, dans la Silicon Valley. Mais peu lui importe. Car il souligne que ce dont a besoin le monde aujourd'hui ce sont des « bricoleurs ». Or ceux-ci sont en Chine.* ***D'où sa certitude que la Chine sera le prochain eldorado de l'IA.***

Des moyens européens juridiques et fiscaux de lutte contre le pouvoir des géants du numérique se mettent en place

La Commission européenne évoque parfois la possibilité d'un démantèlement des géants du numérique, démantèlement qui pourrait venir des États-Unis, eux-mêmes effrayés par leurs GAFAM. Mais il existe des limites à une telle décision (*cf. Encadré « Est-il trop tard pour lutter contre les monopoles américains ? »*) qui n'est pas aux mains de l'Europe…

Commission européenne. Source Pixabay

Mais des moyens existent déjà en termes légaux, juridiques et fiscaux, dont l'UE via sa Commission ou certains des États de l'UE via leurs lois nationales peuvent s'emparer.

Les prémices d'une réaction européenne semblent se manifester. **Depuis quelques années, la Commission européenne semble commencer à réagir face aux « monopoles » de certains géants américains contrevenant aux lois européennes.**

Ainsi Google a écopé d'une première amende de 2,42 milliards d'euros en 2017 pour abus de position dominante dans la recherche en ligne afin de favoriser son comparateur de prix « Google Shopping »[1]. Puis en 2018 d'une seconde amende de 4,34 milliards d'euros, à nouveau pour abus de position dominante de son système d'exploitation pour téléphone Android[2].

Google n'est pas la première entreprise de la Silicon Valley sanctionnée par la Commission européenne : en 2016 Apple avait dû rembourser à l'Irlande 13 milliards d'arriérés d'impôts et, en 2004 déjà, Microsoft avait été condamné à payer une amende de 497 millions d'euros pour avoir refusé de fournir une documentation technique complète à ses concurrents afin qu'ils puissent concevoir des logiciels pleinement compatibles avec le système d'exploitation Windows. **Il faut sans doute aller jusqu'au bout de la démarche et frapper plus fort…**

Car les prises de positions monopolistiques générées par les faits sanctionnés ont un impact largement supérieur à ces quelques milliards d'euros et le montant des sanctions infligées reste ridicule par rapport au chiffre d'affaires des entreprises. Alphabet affiche un chiffre d'affaires de 65,1 milliards de dollars au troisième trimestre 2021. Sur l'ensemble de 2020, le chiffre d'affaires de Meta est de 86 milliards de dollars, en progression de 22 %. Une sorte de piqure de moustique sur la carapace du rhinocéros…

Néanmoins des progrès manifestes peuvent être constatés et l'on peut imaginer que le caractère public des décisions puisse avoir des conséquences sur la réputation de ces entreprises (et donc leur « attractivité » pour les citoyens-consommateurs), déjà bien érodée par de nombreuses affaires (cf. « l'affaire » Cambridge Analytica évoquée plus haut à propos du profilage électoral).

1. Confirmée en justice en novembre 2021 : le tribunal de l'Union européenne a rejeté le recours de Google et confirmé l'amende de 2,42 milliards d'euros imposée en 2017 par la Commission européenne.
2. Décision qu'il conteste et procès en appel en cours

Dans le sillage de la Commission européenne, on peut signaler qu'en France, en janvier 2022, au titre de la défense des données personnelles (et donc du RGDP européen), **la CNIL vient de sanctionner Google pour son utilisation des cookies**, traceurs numériques utilisés notamment pour la publicité ciblée (avec une « petite » amende de 150 millions d'euros)[1]. Ou encore (l'annonce est très récente) que la France va se doter d'un cyberscore « Sécurisation des données » à partir d'octobre 2023[2].

À l'heure où nous bouclons le livre, signalons une avancée significative : la Commission européenne, le Parlement européen et les Etats-membres de l'UE sont parvenus à un **accord sur le fameux DMA** (Digital Market Act), offrant donc la perspective d'une nouvelle législation qui devrait mettre fin aux abus de position dominante des géants du numérique en Europe[3]. En résumé, ce nouveau règlement qui devrait entrer en vigueur en janvier 2023 imposerait un certain nombre de règles aux grandes plateformes pour lutter en amont (et pas à travers des procédures judiciaires longues et in fine insuffisamment pénalisantes financièrement[4]) contre leurs pratiques anti-concurrentielles et-ou d'abus dans l'exploitations des données personnelles. Enfin, c'est ce que l'on pourrait espérer. Car pour certains d'observateurs, l'accord d'avril 2022 (sur fond de crise en Ukraine) de transfert de données entre l'Europe et les USA s'apparente à un fiasco : l'Europe aurait renoncé à sa souveraineté numérique en échange du gaz américain…

---

1. https://www.usine-digitale.fr/article/la-cnil-condamne-google-et-facebook-pour-la-violation-du-consentement-des-internautes.N1173802
2. https://www.usine-digitale.fr/article/la-france-se-dote-d-un-cyberscore-pour-afficher-le-niveau-de-protection-des-services-numeriques.N1788167
3. https://www.lemonde.fr/pixels/article/2022/03/25/l-union-europeenne-va-mieux-encadrer-les-geants-du-numerique_6119050_4408996.html
4. « Des amendes pouvant atteindre jusqu'à 10 % des ventes mondiales sont prévues en cas d'infraction, et même 20 % en cas de récidive ».

Est-il trop tard pour lutter contre les monopoles américains ?

Le cas que constitue le monopole du moteur de recherche Google[1] *semble emblématique. Quelles seraient les possibilités d'intervenir sur cette entreprise emblématique des réussites de la Silicon Valley ?*

Une première idée pourrait consister dans la scission du moteur de recherche de Google en deux. D'un côté la « base de données » et de l'autre l'index. Mais cette proposition soulève de gros problèmes techniques et ne résout rien en ce qui concerne la connaissance client et l'algorithme de classement des résultats. Une seconde idée consiste à isoler Google Search des autres solutions Gmail, Youtube,... Lorsque Google s'est transformé en Alphabet, certains ont évoqué la possibilité d'un tel découpage. Mais là encore, on peut craindre que la difficulté de la tâche rende cette solution difficile à implémenter.

Une troisième idée consiste simplement à ***empêcher Google d'imposer son navigateur sur les ordinateurs (Chrome) et surtout sur les smartphones (Android), donnant ainsi la possibilité aux autres moteurs de recherche d'investir le marché de façon équitable. Cette solution simple et réaliste est certainement la plus prometteuse.***

Bien sûr il existe de nombreux freins et « objections » possibles face à cette idée.

Il est tout d'abord clair que les États-Unis n'ont aucun intérêt à aller dans le sens d'un affaiblissement d'un de leurs champions. Google est une pièce maitresse de leur pouvoir d'influence (soft power). Mais dans ce cas ils devront reconnaitre qu'ils bloquent toutes innovations à ce niveau et ne respectent pas une certaine forme de libre entreprise.

On pourra encore objecter que le manque à gagner pour Google serait énorme et donnerait lieu à des compensations lourdes à supporter. Mais on pourra alors répondre que Google a bien « vécu sur la bête », et que ses quelques 257 milliards de dollars de chiffre d'affaires en 2021 (à comparer aux 180 milliards de 2020) et près de 76 milliards de dollars de résultat (à comparer au 40 milliards de 2020) sont en soi plus qu'un beau trésor de guerre.

En outre, l'abus de position dominante est sanctionné. On pourra poursuivre en objectant que les moteurs chinois (Baidu) ou Russe (Yandex) existent bien et prouvent qu'une alternative est possible. Mais ces derniers

1. Sur le fonctionnement des moteurs de recherche, on pourra lire le très bon livre de Guillaume Sire « Les moteurs de recherche » (2016)

sont le reflet d'une politique volontariste d'États en délicatesse avec l'hégémonie américaine. Ils ne sont en rien le produit d'une libre concurrence.

On pourra objecter qu'une révolution technique peut toujours poindre, avec comme ingrédient la blockchain, une autre forme d'indexation ou une autre forme de distribution du référencement. Bien sûr, mais la création de la valeur est actuellement totalement phagocytée par les GAFAM, et si une révolution voit le jour, elle risque d'être soit préemptée, soit étouffée dans l'œuf par les géants en position monopolistique.

Certes, Google n'est qu'une partie du problème et c'est la puissance du système composé des GAFAM, de la dynamique d'innovation américaine et de son système de financement qui est en cause. Mais peut-être qu'en s'attaquant à un premier acteur emblématique il se créera un précédent qui pourra ensuite s'étendre aux autres rouages du système.

NB : **dans le cadre des lois antitrust américaines, un certain nombre de monopoles qui étouffaient la concurrence ont été démantelés au cours du xxe siècle**. *On peut citer la Standard Oil en 1911, Dupont de Nemours, American Tobacco, jusqu'à la scission du « système Bell » en 1982 ! Il est bon de rappeler à cet égard l'appel du porteur de la loi antitrust, John Sherman : «* **Si nous refusons qu'un roi gouverne notre pays, nous ne pouvons accepter qu'un roi gouverne notre production, nos transports ou la vente de nos produits** *». Google est de nos jours un des souverains les plus absolus du web. Le débat pourrait donc être sportif, mais il serait bon de faire bouger les lignes de forces ! C'est une piste ténue, mais qui demande à être explorée. Le débat est contradictoire. Certains pensant qu'il n'y a rien à attendre des lois antitrust aux États-Unis et du possible démantèlement des GAFAM. C'est un leurre propre à endormir notre vigilance. À titre d'exemple le démantèlement de l'empire de Rockefeller a engendré des compagnies pétrolières qui ont continué à régner (séparément) sur le pétrole.*

Dans tous les cas, il faut bien avoir conscience que ne rien faire reviendrait à empêcher ou ralentir le développement des autres moteurs existants et de tout nouvel acteur. Ce qui serait pour le moins antilibéral et figerait la situation actuelle pour des décennies…

Est-ce ce que nous voulons ? La règlementation sur les brevets prévoit qu'une invention tombe dans le domaine public (donc peut être utilisée par n'importe quel autre acteur économique) 20 ans après son dépôt. Vingt ans… c'est justement l'âge de Google. Il serait peut-être temps **de fissurer son monopole au nom de la liberté d'entreprendre et du droit à l'innovation.**

Ce que la défense des libertés numérique n'a pas réussi à obtenir, la défense du libéralisme économique pourrait bien l'arracher…

La lutte contre les infox s'organise en Europe depuis plusieurs années

Une liste des différentes **réactions européennes contre la diffusion d'infox** depuis 2017 est dressée dans le rapport Bronner déjà évoqué.

Au niveau européen tout d'abord, en avril 2018, **la Commission européenne publie une communication sur la désinformation en ligne** en s'appuyant sur un rapport d'experts publié le mois précédent[1] ainsi que sur les résultats d'une consultation publique lancée en novembre 2017. Sans exclure la possibilité d'une réglementation, la Commission recommande, dans un premier temps, l'élaboration à l'échelle de l'Union d'un code de bonnes pratiques contre la désinformation et le soutien à un réseau indépendant de vérificateurs de faits. Elle propose d'user de nouvelles technologies, dont l'intelligence artificielle ou la blockchain, pour améliorer la capacité de tout citoyen à accéder à des informations correctes ainsi qu'à une diversité de points de vue.

Dans différents pays de l'UE ensuite.

En Allemagne, une loi de janvier 2018 a pour objectif de contraindre les réseaux sociaux à une modération réactive.

Au Royaume-Uni, le Parlement met en place une commission d'enquête début 2017 pour lutter contre la diffusion des fausses nouvelles et informations en impliquant notamment les géants du Net, et en traquant les *fake news* jusque sur la BBC.

En Italie, les autorités créent une plateforme de signalement des fausses nouvelles.

En France, lors de la conférence de presse du 29 mai 2017 clôturant la visite de Vladimir Poutine, le président de la République Emmanuel Macron reproche à la chaîne de télévision Russia Today France et à la radio Sputnik (deux médias appartenant à l'État russe) d'avoir propagé de fausses nouvelles pendant la campagne prési-

1. https://ec.europa.eu/commission/presscorner/detail/fr/IP_18_1746

dentielle (« *Quand des organes de presse répandent des contrevérités infamantes, ce ne sont plus des journalistes, ce sont des organes d'influence. Russia Today et Sputnik ont été des organes d'influence durant cette campagne, qui ont, à plusieurs reprises, produit des contrevérités sur ma personne et ma campagne* »). Dès janvier 2018, Emmanuel Macron annonce sa volonté « *de faire évoluer notre dispositif juridique pour protéger la vie démocratique de ces fausses nouvelles* ». Il a fallu la guerre en Ukraine et la tension diplomatique avec la Russie pour que ces deux chaînes soient fermées en France.

Des signes d'un débat de rééquilibrage des pouvoirs face aux Gafam apparaissent enfin avec **des débuts de « collaboration » des plateformes elles-mêmes pour lutter contre la désinformation…**[1]

Conclusion : la guerre en Ukraine, une opportunité pour rebattre les cartes au profit de l'Europe ?

Avec l'invasion de l'Ukraine, la question de la souveraineté et de l'indépendance (on parle aussi souvent d'autonomie) stratégique de l'Europe et des pays qui en font partie est (re)posée avec acuité, pour ne pas dire violence !

De très nombreuses analyses, notamment face à l'unanimité européenne qui a prévalu en matière de sanctions contre Vladimir Poutine, semblent aller dans le sens d'une opportunité, sans doute historique, d'avancer dans une vraie construction « politique » de l'Europe… On peut citer par exemple l'historien Christopher Clark, qui dans la réaction actuelle des Européens à la guerre voit une « chance de recomposition offerte au Vieux Continent »[2]. Mais ils

1. https://www.lemonde.fr/pixels/article/2022/02/16/election-presidentielle-facebook-instagram-et-whatsapp-annoncent-une-serie-de-partenariats_6113989_4408996.html
2. https://www.lepoint.fr/monde/guerre-en-ukraine-poutine-a-fait-effraction-en-occident-05-03-2022-2467064_24.php

sont des dizaines comme lui, diplomates, militaires, etc. à partager cette analyse de ce qu'on pourrait appeler un « effet pervers positif » de la guerre en Ukraine.

La lutte européenne contre la désinformation s'amplifie. Lors d'une réunion informelle[1] organisée dans le cadre de la présidence française du Conseil de l'Union européenne et à laquelle ont participé les 27 États membres ainsi que la Norvège et la Suisse, les ministres européens chargés du numérique ont échangé avec des représentants de Google, Facebook et Twitter. Les 27 ministres européens chargés du numérique ont signé une déclaration commune demandant aux grandes plateformes de renforcer leur lutte contre la désinformation en ligne dans le cadre de la guerre en Ukraine[2].

Les signataires leur demandent également d'appliquer immédiatement « *le code de bonnes pratiques* » en matière de désinformation présenté en avril 2018 par la Commission européenne. Ce texte non contraignant a été signé par Facebook, Google et Twitter, Mozilla ou encore Vimeo.

Si donc mettre en place une dynamique de souveraineté numérique européenne peut sembler à certain relever d'une certaine utopie face au poids des GAFAM ou comme alternative aux modèles américains et chinois, notre investissement individuel et collectif sur le sujet doit être à la mesure de l'ampleur des impacts que risquent de connaître les prochaines générations si rien n'est fait…

L'Europe, si elle veut exister, a besoin d'un projet fédérateur. On le sait, on le sent. **Redimensionner la révolution numérique à la mesure de nos valeurs est le projet européen qu'on peut porter**. Soyons moteurs de cette révolution plutôt que spectateurs passifs. Et ne tombons pas dans le misérabilisme de l'inaction !

---

1. Le 8 mars 2022 à Paris
2. https://www.usine-digitale.fr/article/l-ue-appelle-les-grandes-plateformes-a-accentuer-la-lutte-contre-la-desinformation.N1794142

Conclusion : la plus grande révolution est loin d'être achevée !

L'histoire de cette plus grande révolution n'est pas encore écrite, elle est le présent que nous vivons et d'immenses incertitudes règnent sur l'avenir.

Nous commençons à voir de premiers effets de la multiplication d'évolutions qui se combinent et interagissent dans les champs scientifiques, technologiques, sociologiques, géopolitiques. Mais bien fous seraient celles ou ceux qui pourraient affirmer imaginer les développements de ce véritable écosystème, même à horizon de 5 ou 10 ans....

Notre « vieux monde » est un peu à bout de souffle. Les signes en sont forts et nombreux : réchauffement climatique, bouleversements démographiques à venir, dérèglement financier, déséquilibres géopolitiques, pandémie.

L'utilisation des nouvelles technologies pourra peut-être faire émerger des solutions innovantes si l'on suit ceux qui, comme Philippe Dessertine, pensent que « la science s'est remise en marche et invite à toutes les ruptures pour que naisse un autre modèle ».[1]

Sans être « techno-solutionnistes », soyons déjà bien certains que

1. Philippe Dessertine, « Le Grand basculement », Robert Laffont (2021).

beaucoup de choses qui nous semblent impossibles aujourd'hui deviendront réalité demain. Qui aurait imaginé il y vingt ans que nous aurions quasiment tous « dans notre poche » un smartphone qui nous permettrait de manière nomade, partout dans le monde, de faire des visioconférences, de gérer ses comptes bancaires, ses mails, de se géolocaliser et de trouver le trajet optimal pour se rendre d'un point à l'autre de la planète, de payer des achats, de faire des photos et de les envoyer à des amis ou groupes d'amis ou de les poster sur des réseaux sociaux, etc. ?

Dans beaucoup des champs que nous avons couverts dans ce livre (et en plus sans chercher à viser l'exhaustivité), des phénomènes disruptifs peuvent apparaître. Peut-être ne sommes-nous pas à l'abri de quelques « **cygnes noirs** »[1]…

Il nous semble que, face à cette situation inédite à l'échelle de l'histoire humaine, il faille adopter avant tout une posture mêlant vigilance et croyance en l'Homme pour s'y adapter. Voire, puisque nous sommes des éléments de cet écosystème révolutionnaire, une posture active, contributive de la « métamorphose humaniste » évoquée plus haut.

Car si bon nombre des bouleversements en cours peuvent être mal vécus et représenter des menaces, notre époque offre aussi de formidables opportunités. Sachons mieux répondre aux premières et saisir les secondes : prendre conscience des immenses potentialités de certaines des découvertes en cours et les utiliser pour construire « un monde meilleur »… En bref, faisons tout pour que les révolutions technologiques en cours se fassent au service de l'Homme ! Nous sommes au cœur de la plus grande révolution. L'aventure est devant nous…

Nous espérons en concluant ce livre que les objectifs que nous poursuivions à travers son écriture ont été atteints : vous rendre, vous lecteurs, plus éclairés sur les contours de cette plus grande

1. https://www.franceculture.fr/emissions/signes-des-temps/le-cygne-noir-une-enigme-de-notre-temps-ou-la-prevision-prise-en-defaut

révolution ; vous fournir suffisamment de clefs pour comprendre les changements que nous traversons ; vous donner ainsi les moyens de mieux décrypter le monde dans lequel nous vivons, d'être plus conscients des menaces et opportunités que notre époque recèle et donc plus clairvoyants pour identifier les « signaux faibles » des changements futurs.

Ce qui est certain, c'est que ce livre constitue une sorte de chantier en construction permanente…

Merci de nous avoir lu !

Remerciements

Pour leur écriture de chapitres ou encadrés du livre :

Laure BLAGOJEVIC, conférencière, auteure, présidente de l'agence Mediapolitain et fondatrice de l'Innovore.

François DEHOZE, professeur de philosophie et formateur.

Daniel LOISANCE, chirurgien cardiaque, professeur, responsable du Centre de Recherches Chirurgicales au CHU Henri Mondor. Pionnier de la microchirurgie et de la chirurgie assistée par ordinateur, premier dans le monde à avoir implanté un demi-cœur artificiel portable, membre de l'Académie de médecine, auteur de plusieurs livres.

Jean-Pierre POUSSOU, professeur émérite d'histoire moderne, ancien président de l'Université Paris Sorbonne-Paris IV, ancien recteur de l'académie de Bordeaux, auteur de nombreux livres.

Jean ROHMER, chercheur à l'INRIA avant de diriger la recherche de la BU Intelligence Artificielle chez Bull pendant près de 15 ans, docteur ès Sciences en Informatique, vice-président de l'Institut Fredrik R. Bull, cofondateur de l'Association Française pour l'IA.

Pour leurs conseils et relectures attentives :

Alain BONDU, ingénieur, conseil en électrotechnique.

David FAYON, expert digital.

Jean-Damien GONZALEZ, psychanalyste junguien, expert en Thérapies par Exposition à la Réalité Virtuelle et consultant en analyse transactionnelle, spécialistes des processus de pensée.

Marie RACCUGLIA, spécialiste innovations et sciences cognitives (particulièrement AR/VR et métavers), conférencière.

Alain WANG, journaliste, sinologue, conférencier, enseignant à l'École Centrale Paris et à l'Institut français de la Mode, auteur de nombreux livres dont « Les Chinois ».

Pour leur soutien et leur aide :
Jean-Pierre CASTRE, Nicolas TISSOT, Catherine LARDY, Alexandre NOE, Alexandre SALAS-GORDO, Marc-André GAUDET, Nelly LABÈRE, Marc DUFRANC…
et tous ceux qui nous ont fait confiance.

Ce livre fait partie d'un projet plus global de vulgarisation conçu par Jérôme COUTOU. Destiné au grand public, il se veut simple d'accès, clair et accessible et se décline au travers d'une expérience complète, comme une sorte de prolongement du livre et de mise en vie de ces « (r)évolutions » avec :

- une chaîne Youtube constituée d'interviews d'experts et d'autres contenus en lien avec le livre ;
- des conférences/débats ;
- des projets digitaux.

Nous remercions ici pour leurs contributions à ce projet :

Conception de l'identité visuelle :
Grégory DAYON, Digital Mate

Montage et habillage des interviews :
Nathalie CHABERT, Agence Baquara

Table des matières

Composition et mise en pages
Nord Compo à Villeneuve-d'Ascq

La plus grande révolution de toute l'histoire de l'Humanité

Découvrez notre chaîne
et nos interviews

Envie d'échanger avec nous ?

Anne Beaufumé

Jérôme Bondu

Jérôme Coutou

Nos sites

Club des vigilants
Apprivoisons l'avenir

inter-ligere

DIGITAL MATE XR

METAVERSE MATE